일과 인생이 술술 풀리는
내 머릿속 비우기

일과 인생이 술술 풀리는

내 머릿속 비우기

―――――

"하루 20분
머리 밖에서 생각하라!"

송숙희 지음

다차원
북스

내 생각, 내 인생의 주인이 되려면
머릿속부터 정리하라!

– 글로 마음을 비우지 않으면 나는 미친다. (바이런)

⋮

– 당신은 제법 독서가이신가 봐요.

– 팍팍한 세상, 매달릴 게 책밖에 없어서요.

– 개 같은 세상, 저도 매달릴 게 이것밖에 없어요.

　(드라마 〈시카고 타자기〉 대사 중에서)

왜 자꾸 성인 대상 수학학원이 늘어날까?

"머릿속이 복잡할 때면 어려운 수학 문제를 풀며 스트레스를 해소하곤 해요."

'수포자'의 유전자를 아들에게까지 대물림한 내게, 대입시험 날 '찍고 나온' 그날부터 수학하고는 담을 쌓고 살아온 내게, 수학이라면 치를 떠는 내게, 그녀의 이야기는 가히 충격적이었다. 그녀의 직업은 배우다.

나를 더 충격에 빠뜨린 것은 그녀처럼 이런 '엽기적인' 취미를 가진 이들이 요즘 아주 흔하다는 소식이다. 강남에서 수학을 가르치는 스타 강사에게 이 소식을 전해 들으며 나는 혀를 내둘렀다.

요즘 학원가나 학습지 시장에선 새로운 고객군의 등장으로 군침을 자주 삼킨다고 한다. 수학을 배우려는 성인들이 갈수록 늘고, 이들을 대상으로 한 수학학원이 따로 생겨나며 수학 문제풀이 동호회도 꾸준히 늘고 있다는 것이다.

수학 문제를 푸는 일에 집중하다 보면 시끄럽던 머릿속이 잠잠해지고 어렵사리 문제를 풀어 답을 맞히면 전에 없던 쾌감과 성취감이 생겨 기분이 썩 좋아지기 때문이라는 것이 이들의 설명이다. 이러한 여파로 중장년을 대상으로 한 수학 관련 책이 해마다 잘 팔리고 수학 학습지를 구독하는 성인 회원도 전년 대비 50% 가까이나 늘었다고 한다.[1]

소설가 김정희 씨도 머리가 복잡하거나 무기력증에 빠질 때 수학 문제를 풀면 개운해진다고 한다. 수첩에 수학 문제를 적어두었다가 몸과 마음이 지칠 때 하나씩 풀어본다고. 그러니까 수학 문제만 봐도 머릿속이 하얘지는 나와는 달리, 머릿속이 하얘질 때 수학 문제를 찾아 푸는 그들 덕분에 성인 대상 수학학원이 점점 늘고 있다는 얘기다. 복잡한 머릿속을 정리하기 위해, 말끔하게 명쾌하게 후련하

---

[1] 구몬학습에 따르면 지난해 말 기준 학습지 구몬수학 성인 회원은 1,501명으로 전년 대비 43.6%(456명)나 급증했다. – 〈서울경제신문〉 2017년 1월 30일자

게 싹 다 정리하기 위해.

머릿속 활용 능력은 21세기가 필요로 하는 초능력

마이크로소프트 창업자 빌 게이츠와 투자전문가 워런 버핏은 소문난 '절친'이지만 버핏은 MS 주식을 사지 않았다. '잘 모르는 분야는 손대지 않는다'는 투자 철칙 때문이다. 하지만 그는 기술주株에 대한 자신의 판단 착오로 구글·아마존닷컴 등 정보기술(IT) 기업에 투자할 기회를 잡지 못했다고 자인했다.

2017년 5월에 열린 버크셔 해서웨이[2] 주주총회에서다. 버핏은 버크셔 해서웨이의 자회사인 보험사 가이코가 구글에 광고 클릭당 10~11달러를 내고 있다는 것을 알면서도 구글의 거대한 광고 사업을 알아보지 못해 나스닥 상장 당시 50달러대에서 현재 950달러대로 치솟은 구글 주식을 사지 않은 것은 실수였다고 실토했다.

그리고 그는 마이크로소프트·아마존닷컴·페이스북을 적은 자본으로 높은 수익을 올릴 수 있는 '이상적인 기업ideal business'이라고 추켜세우며 투자의 물길이 IT 기술 기업으로 투자할 가능성을 열어놓았다.

'이상적인 기업'이 뜬다. 이들 기업은 아이디어에 죽고 산다. 이들

---

2   워런 버핏이 창설한 미국의 지주회사로, 1965년 버핏은 섬유회사이던 버크셔 해서웨이를 구입한 뒤 여러 회사의 지주회사로 재설립했다.

기업의 유일한 자본은 아이디어이며, 아이디어를 만들고 구현하여 가치를 끌어낼 만한 사고능력을 가진 인재가 최고의 자산이다.

이제 '아는 것이 힘'이라는 구호는 용도 폐기해야 한다. 아는 것이 아니라 아이디어가 힘이다. 경쟁력 있는 아이디어를 생산하는 머릿속 활용 능력은 21세기가 필요로 하는 초능력이다.

《호모데우스》를 쓴 유발 하라리의 말마따나 21세기의 주요 생산품은 무기와 자동차, 섬유가 아니라 마음과 뇌, 인간의 몸이다.

지금 우리에게 필요한 것은? 머릿속 미니멀리즘

대형 서점에 가면 유행이 보이고 트렌드가 잡힌다.

"떠나라, 명상하라, 컬러링하라, 필사하라, 십자수를 놓아라, 종이를 오려라!"

차고 넘치는 생각, 쓰나미처럼 밀려드는 정보, 떨쳐지지 않는 감정의 조각들을 피하거나 없애 고요한 마음을 가질 수 있다고 약속하는 책들이 연일 신간 판매대를 장식한다.

서점에 갔다가, 검색하다가, 혹은 누군가의 추천으로 이런 방법들을 접하고 솔깃한 마음에 하나씩 배우고 따라해본다. 아닌 게 아니라 '힐링' 되고 뇌가 휴식하는 느낌이 드는 것도 같다. 하지만 잠깐이다. 그렇잖아도 미루고 미뤄온 할 일 목록에다 하지 않으면 안 되는 숙제만 더 보태진 것 같다.

버리고 정돈하여 단순하고 홀가분하게 살자는 '미니멀리즘'이 유행이다. 그러나 우리에게 정작 필요한 것은 머릿속을 비워내는 '머릿속 미니멀리즘'이다. 머릿속에 차고 넘치는 생각과 정보와 감정을 정리하면 주의력과 집중력은 자연스럽게 따라온다. 내가 원하는 삶의 방향대로 주의력과 집중력을 정렬하면 일상은 저절로 정리정돈이 된다. 정리정돈을 위해 뭔가를 사고 버리고 하느라 돈 쓰고, 시간과 에너지를 허비하는 일을 되풀이하지 말아야 한다.

성공한 리더들의 공통점 – 쓰면서 생각한다

노벨물리학상을 탄 리처드 파인만은 어떤 문제든 해결하고 싶으면 "문제도 쓰고, 생각도 쓰고, 답도 쓰고…… 쓰면 된다."고 말한다.

세계 제일의 부자인 워런 버핏은 어떤 회사의 주식을 사고 싶으면 그 이유를 글로 써보라고 권한다. 창의의 아이콘으로 알려진 리처드 브랜슨Richard Branson[3] 역시 자신의 혁신적 사고는 수첩에서 나온다고 귀뜸한다. 구글 창업자인 래리 페이지(구글 지주사 알파벳의 CEO)는 일이 차고 넘칠 땐 일들을 하나하나 꺼내 늘어놓으면 저절로 해결된다고 알려준다.

이처럼 각 분야 최고 리더들의 천재성과 창의적 사고력의 공통점

---

3   영국 버진 그룹의 창업자. 1967년 버진레코드의 성공을 시작으로 항공, 철도, 모바일 서비스, 레저, 스포츠, 미디어, 금융, 건강, 환경 등의 사업에 성공했다. 2009년에 세계 최초 민간 우주여객선 '스페이스십II'를 공개하고 우주여행의 상업화를 발표했다.

은 언제든 중요한 생각에 집중하고 몰입할 수 있도록 머릿속을 비워 냈다는 것이다. 쓰거나 적거나 하면서 생각을 정리하고, 쓰면서 답을 찾고, 쓰면서 머릿속 생각공장을 최대한 가동시켰다는 점이다.

우리 머릿속은 뭔가 부족해서가 아니라 생각, 감정, 정보 등이 차고 넘쳐 과부하가 걸리고 오작동이 일어난다. 이때 해결 방법은 아주 단순하다. 차고 넘치는 것들을 머리 밖으로 끄집어내기만 하면 된다. 이때 사용할 도구는 '글쓰기'다.

하루 20분 머리 밖에서 생각하라

21세기의 자산인 아이디어를 생산해내는 공장 '머릿속'을 관리하여 최고의 사고능력을 가질 수 있도록 돕는 기술, 즉 이 책이 제안하는 머릿속 정리 기술은 간단하다. 하루 20분씩 '머리 밖에서 생각하라'는 것이다. 또한 구글, 애플, 아마존, 페이스북, 맥킨지, 하버드, 옥스퍼드 등 세계 최고 인재들이 최고의 성과를 내기 위해 일상적으로 실천하는 창의적 생산성의 핵심비법 '머릿속 다이어트'를 소개한다.

머릿속 다이어트는 머릿속을 비우고, 생각을 잡아두고, 생각을 파고드는 일련의 프로그램으로이다. 차고 넘치는 머릿속을 비워 뇌가 가동할 수 있는 공간을 확보하고, 중요한 아이디어에 온전히 정신을 집중하도록 한다. 그 결과, 쓰잘 데 없는 것들로 가득 차 산만하기만 하던 머릿속을 집중력과 창의력이 극대화된 스마트한 '생각공장'으로 바꾸는 기술이다.

경영자 등 각 분야의 리더들은 구성원의 생산성을 저해하는 요소를 찾아내 제거하는 것을 가장 중요한 임무로 인식하고 있다.

뿐만 아니라 자기 삶의 경영자인 개인도 사고의 능률을 저해하는 요소를 찾아내 제거하고, 아이디어를 생산하는 머릿속 구조를 최적화하는 것은 시급한 과제다. 그 과제를 수행하는 데 있어 맨 먼저 해야 할 것이 바로 머릿속 비우기, 즉 '머릿속 다이어트'다.

특히 다음과 같은 증상을 보이는 사람은 이 책에서 소개하는 '머릿속 다이어트' 프로그램을 평소 습관처럼 실행하길 권한다.

① 일의 마무리를 하지 못해 곤란을 겪는다.

② 체계가 필요한 일을 순서대로 진행하는 데 어려움을 느낀다.

③ 약속이나 해야 할 일을 떠올리지 못하는 일이 잦다.

④ 골치 아픈 일을 피하거나 미루는 일이 잦다.

⑤ 이것저것 손을 대지만 끝내는 것은 거의 없다.

⑥ 할 일, 약속 등을 과하게 잡아 늘 끌려다닌다.

⑦ 일을 시작하면 5분도 지나지 않아 딴짓을 한다.

⑧ 과제나 일을 한 자리에서 못할 정도로 집중력이 부족하다.

⑨ 성격이 급하고 덜렁거린다는 평가를 많이 받는다.

정보 홍수, 선택 과잉의 시대에 사는 당신을 위해

나는 30년 동안 신문, 방송, 출판, 웹 등 미디어 분야에서 일하며 미디어가 탐내는 각 분야 전문가와 최고 인재들을 많이 만났다. 또

최근 수십 년 동안 책 쓰기, 글쓰기를 코칭하며 자기 분야에서 아주 잘나가는 이들과 '사고작업'을 했는데, 이른바 창의적일수록 명료하게 사고한다는 공통점을 발견했다. 아울러 그들의 그러한 사고능력은 다이어트로 군살을 말끔히 덜어낸 '미니멀한 머릿속'에서 시작된다는 것도 알게 됐다.

미니멀한 머릿속 덕분에 그들은 그토록 많은 일을, 서두르지 않고 여유 있게 주위를 돌아보며 한다는 것도 알 수 있었다. 머릿속 다이어트는 머릿속을 꽉 채운 불필요한 정보나 생각, 감정 등을 처분하고 정리하는 데 그치지 않는다. 이러한 과정을 거쳐 머릿속에서 중요한 것을 다루는 공간을 확보한다는 데 의의가 있다.

복잡한 머릿속을 정리할 필요가 있거나 창의, 집중력 등 사고능력을 기르고 싶어 하는 이들에게 이 책이 도움이 되길 바란다. 그리고 그 누구보다 정보 홍수, 선택 과잉의 시대에 살면서 내 생각, 내 인생의 주인이 되고 싶어 하는 바로 당신을 위해 이 책을 썼다. 내 생각, 내 인생의 주인이 되려면 머릿속부터 정리하라!

머릿속 정리기술 2 _ 외재화

머릿속을 비워내는 메모

머릿속 정리기술 3_ 리스팅

머리 밖에서 작업하라

머릿속 정리기술 4 _ 아웃풋

최고 인재들의 생각도구, 글쓰기

머릿속 정리기술 5 _ 디버깅

덜어내고 집중하라

머릿속 정리기술 6 _ 성찰

궁극의 미니멀리즘을 추구하라

혁신하거나 창조하거나 이 두 결과만이 디지털 시대 생산성이 목표하는 성과다. 디지털 경제의 승자는 새로운 일하는 부자(the new working rich)다. 새로운 일은 새로운 방식으로 즉 새로운 사고를 해야만 가능하다. 새로운 사고란 특정한 문제를 해결하거나 충족되지 못한 욕구를 해결하는, 보다 고차원적인 생각방식을 말한다. 이러한 새로운 사고방식이 요구되면서 기업 활동에는 인적 자본이 가장 중요해졌다. 인적 자본은 조직에서 문제를 해결할 수 있는 개개인의 능력이나 역량의 합이다.

이제 기업이 해야 할 가장 중요한 일은 인적 자본을 관리하는 일이다. 구성원 개개인의 머릿속을 관리하는 일이 기업이 고수해야 할 첫 번째 미션이다. 내로라하는 글로벌 기업들이 그들의 일하는 공간을 혁신하는 이유이기도 하다.

머릿속 정리기술 1

인사이드 아웃

머리 밖에서 생각하라

생각은 머리에서 완성되고 손으로 채워진다.

― A. E 하우스먼

01

애플, 구글, 페이스북 직원들은
꿈의 신사옥에서 무엇을 할까?

새로운 '일하는 부자'

미국의 경제학자 이매뉴얼 새즈 교수는 미국 부자 가운데 1퍼센트 상위 그룹을 '새로운 일하는 부자the new working rich'라고 부른다. 지금까지의 부자들이 부동산에 기반을 둔 '상속부자rich from inherited'였다면, 새로운 부자들은 '일하는 부자'라는 것이다.

새즈 교수는 미국의 10대 부자들 중 80퍼센트가 디지털 경제 영역에서 배출되었으며 상속부자들에 비해 훨씬 빠른 속도로 부를 축적했다고 밝혔다.

디지털 경제의 승자는 새로운 일하는 부자다. 새로운 일은 새로운 방식으로, 즉 새로운 사고를 해야만 가능하다. 새로운 사고란 특정한 문제를 해결하거나 충족되지 못한 욕구를 해결하는, 보다 고차원적인 생각방식을 말한다. 이러한 새로운 사고방식이 요구되면서

쉽게 해제 이동이 가능하도록 설계된 친환경 건축물, 구글 신사옥(좌)
우주선 모양으로 설계된 스티브 잡스의 마지막 작품, 애플 신사옥(우)

기업 활동에는 인적 자본이 가장 중요해졌다.

인적 자본은 조직에서 문제를 해결할 수 있는 개개인의 능력이나 역량의 합이다. 즉 조직의 구성원들의 모든 개인적인 능력, 지식, 기술, 경험 등이 인적 자본에 포함된다. 인적 자본은 변화하는 사업 환경 속에서 조직이 적응할 수 있도록 하고, 조직의 창조성과 혁신성의 원천이 되기도 한다.[1]

이제 기업이 해야 할 가장 중요한 일은 인적 자본을 관리하는 일이다. 구성원 개개인의 머릿속을 관리하는 일이 기업이 고수해야 할 첫 번째 미션이다. 내로라하는 글로벌 기업들이 그들의 일하는 공간을 혁신하는 이유이기도 하다.

---

1 《NEW 경제용어사전》, 미래와경영연구소 지음, 미래와경영.

애플의 신사옥은 도넛처럼 속이 뚫린 거대한 UFO 같다. 아마존 사옥은 유리 온실처럼 생겼으며, 구글 신사옥은 필요할 때 레고처럼 재조립하여 사용하도록 설계되었다. 새로운 일로 부자가 된 이들 기업은 일하는 방식이 역시 새롭다. 독특하다. 특히 일하는 공간에 강박적으로 집착하는데, 그 이유는 기업가치의 전부나 다름없는 인적 자본, 즉 구성원들의 생산성을 관리하기 위해서다.

새로운 부자를 배출하는 디지털 경제의 동력은 아이디어다. 머리를 얼마나 어떻게 쓰느냐가 중요하다. 구성원이 무엇을 어떻게 생각하느냐가 기업의 생존을 좌우한다. 디지털 경제에서 기업의 생산성은 '더 부지런히, 더 많이, 더 열심히'가 아니라 '얼마나 더 잘 생각하느냐'에 달렸다.

혁신하거나 창조하거나 이 두 결과만이 디지털 시대 생산성이 목표하는 성과다. 따라서 기업들은 디지털 환경이 초래한 과잉 정보, 과잉 활동의 영향으로 구성원의 생산성이 저하되는 것을 막고 창의성을 끌어올리기 위해 별의별 시도를 다한다.

그래서 그들은 직원들에게 업무시간의 20%를 업무와 상관없이 하고 싶은 일을 하도록 권장하고 UFO 같은 사옥을 지어 동선을 관리하며 명상 프로그램, 직장 내 수면실까지 제공한다. 어떠한 방법으로든 구성원의 머릿속이 최상의 생산성을 유지하도록 관리하겠다는 것이 그들의 필생의 과제다.

1% 부자는 바라지도 않지만

　명예퇴직, 희망퇴직. 정년퇴직……. 고만고만한 이름으로 수많은 이들이 회사를 떠난다. 그러나 디지털 경제의 핵심자원이며 지식을 기반으로 창의적 생산성을 발휘하는 이는 어떤 불황, 어떤 위기에도 회사가 붙잡고 놓아주지 않는다.

　기술이 인간을 대체하는 알파고 쇼크 시대에 1% 부자가 아닌 평범한 사람들이 일자리를 지키는 유일한 수단이 바로 창의적 생산성이다. 고품질의 성과를 창출하는 생산성 높은 사람만 살아남는다. 그런데 문제가 있다. 혁신하거나 창조하거나, 기업이든 개인이든 생존을 가르는 이 두 가지 핵심생산성이 전적으로 머릿속에서 일어나는 정신활동이라는 것이다. 내 머릿속에서 무슨 일이 어떻게 일어나고 있는지 아무도 모른다는 것이 문제다.

02

그 많은 일을 다 해내는
성공한 사람들의 머릿속은 어떻게 생겼을까

진정한 부자는 자신의 힘으로 부를 일군다

'운 좋은 정자클럽.' 투자왕 워런 버핏은 풍족한 환경에서 태어난 사람을 두고 이렇게 표현한다. 우리는 '금수저'라 이른다.

금수저를 물고 태어나지 못한 뼈아픈 한(?)을 풀기 위해 찾아본 자료에 따르면 미국과 영국에서 부富가 대대로 승계될 확률은 그리 높지 않다. 아버지에서 아들로 승계되어 유지할 확률은 20%, 손자까지 승계되는 확률은 단 1%. 금수저를 쥐고 태어나면 뭐하나 싶다. 금수저를 제대로 지켜내기가 그만큼 어렵다는데.

미국 경제 월간지 〈포브스〉는 해마다 부자 400명을 순위대로 발표하는데, 그중 70% 가량이 '자수성가형' 창업 1세대다. 타고난 부자보다 중산층 가정에서 자라 교육받은 사람이 갑부 대열에 올라설 확률이 높다고 분석하면서 〈포브스〉는 '진정한 부자가 되려면 치열하게 살면서 자신의 힘으로 부를 일궈야 한다'고 의미를 부여했다.

IT 산업군에서 속속 배출되는 '새로운 부자'들이 타고난 부자인 금수저가 아니란 사실은 실로 반갑다. 창의적 생산성에 기업과 개인의 명줄이 걸린 4차 산업혁명 시대엔 금수저도 맥을 못 춘다는 사실이 그지없이 반갑다.

그렇다면 '새로운 일'로 부자가 된 이들은 수저가 금이 아니라, 전두엽이 금으로 만들어진 것은 아닌가. 철학자 막스 베버는 뛰어난 지적 능력을 가진 머리 또는 그런 사람을 '금 전두엽'이라 비유했다. 전두엽은 '기억력, 사고력 등을 주관하는 뇌의 핵심영역으로 다른 연합영역으로부터 들어오는 정보를 조정하고 행동을 조절하는 기관'[2]을 말한다. 뇌의 앞부분에 위치하여 전두엽이라 부른다.

디지털 시대 새로운 부자의 조건 : 금 전두엽

IBM이 전 세계 60개국 33개 산업군에 종사하는 1,500명 이상의 최고경영자들에게 물었다.

"성공하기 위해 가장 중요한 CEO의 능력은 무엇인가?"

가장 많이 나온 대답은 '창의적 리더십'이었다. 대부분의 CEO가 오늘날의 경영 환경이 변덕스럽고 불확실하며 복잡하기 이를 데 없어 전에 없던 문제에 직면하기 일쑤고, 창의적인 리더십만이 이러한

---

2 〈네이버 지식백과〉 중에서.

환경에서도 지속가능한 성장을 가능하게 해줄 것이라고 내다봤다.

창의적 리더십은 창의적인 인재를 찾고 끌어안는 것에 성패가 달렸다. 기업의 명줄을 쥐고 흔드는 아이디어는 구성원 개인의 역량에서 비롯되며 구성원 간의 협업으로 완성되기 때문이다.

그러므로 지금, 그리고 앞으로의 시대에 가장 핵심적인 과업을 수행할 이들에게 중요한 것은 수저의 색깔이 아니라 전두엽의 색깔이다. 금빛 전두엽을 가져 뇌가 섹시한 이들은 자신의 일을 끊임없이 개선하고 혁신하여 부가가치를 올릴 수 있는 지식을 소유한 사람이며, 지적 능력을 발판으로 생각하고 일하고 성과를 일궈내는 사람이다.

금 전두엽을 가진 이들은 '새로운 일'에 필요한 지적 능력을 필수적으로 갖춘다. 여기서 말하는 지적 능력은 이미 만들어진 답을 찾아 꿰맞추는 능력이 아니라 세상에 없는 답을 만들어 새로운 가치를 창출하는 능력이다.

그렇다면 과연 금 전두엽을 가진 이들의 머릿속은 어떨까? 창의적 생산성이 탁월하고, 그런 역량으로 가치를 창출하는 이들의 머릿속은 잘 영근 옥수수처럼 지식과 정보가 꽉 들어차 있을까? 아니다. 그들의 머릿속은 텅 비어 있다.

03

머릿속 지뢰를 제거하라
: 더 적게 일하고 더 많이 이루는 사람들의 비결

회사 안에 명상공간을 두는 이유

"7주간 이 과정을 이수하면 감정조절 능력이 좋아진다. 자신감과 인간관계, 업무력도 좋아진다. 매년 400명 이상이 대기한다."

이것은 구글이 2007년부터 도입한 사내교육 프로그램 '내면검색 SIY : search inside yourself'에 관한 안내글이다. '내면검색'은 일종의 명상 프로그램이다. 야후, 나이키, 골드만삭스 같은 내로라하는 글로벌 기업들은 물론 삼성 같은 국내 대표기업들도 사내에 명상공간을 두거나 명상 프로그램을 진행한다.

애플 창업자 스티브 잡스, 미국 비즈니스 소셜 네트워크 서비스 회사인 링크트인LinkedIn의 제프 와이너 회장, P&G 래플리 회장 등 창조와 혁신의 아이콘으로 대표되는 글로벌 기업의 리더들도 생활 속에서 명상을 실천하기로 유명하다. 그들이라면 시간이 돈인데, 단

1초라도 서둘러야 할 마당에 아무것도 하지 않는 시간을 갖는 명상이라니, 왜일까?

명상은 아무것도 하지 않기가 아니라 머릿속을 비우는 행위이기 때문이다. 스마트폰을 초기화하기 위해 리셋reset하듯 머릿속을 아무것도 없었던 애초의 상태로 돌리는 일이 명상이다. 명상은 머릿속을 비워 순도 높은 주의공간을 확보함으로써 창의적 생산성 향상에 기여하는 방법이다.

머릿속을 정리하는 것도 명상이 목표하는 바와 같다. 머릿속 생각공장이 의미 있는 것을 처리하려면 많은 주의와 에너지가 든다. 만일 모든 자극에 반응하고 모든 정보를 물어 나르고 했다간 주의력과 에너지가 소진되어 정작 중요한 작업을 할 때 투입할 여지가 없다.

판단하고, 결정하고, 행동하게 만드는 머릿속 생각공장이 제 기능을 하게 하려면 귀중한 주의력이 애먼 일에 할당되어 소진되지 않도록 미리 준비하고 대비하는 것이 머릿속 정리기술의 핵심이다. 필요한 순간에 주의를 최대한 집중하여, 생각공장이 중요하고 급한 일에 최대한의 성능을 발휘하도록 해야 한다.

머릿속은 보관장소가 아닌 생각공장

스마트폰은 기기라 불리는 하드웨어에 기본적인 소프트웨어가 깔려 있고, 사용자마다 선택적으로 소프트웨어(어플리케이션)를 깔아 사용한다. 그래서 같은 스마트폰이라도 사용자에 따라 전혀 다른 효용을 갖는다.

머릿속도 그렇다. 그 속에는 두뇌가 있고 사람마다 두뇌를 제각각 사용한다. 비슷하다는 것은 여기까지이고 실제 머릿속은 사정이 많이 다르다.

먼저, 머릿속은 다용도실이나 냉장고가 아니다. 정보든 생각이든 기억이든 감정이든 필요하다 싶은 것들을 쌓아놓고 욱여넣어 보관하는 곳이 아니라 문제 해결을 위해 설계된 창의기계인 두가 놓인 생각공장이다.

또한 창의기계인 두뇌는 재료만 넣으면 어떤 식으로든 아웃풋을 만들어내는 '기계'가 아니라 도마에 가깝다. 요리할 때 도마 위에서 재료들을 다듬고 칼질하는 등 요리에 적합하게 손질하는 일을 한다. 만일 도마가 그리 크지 않다면, 그런데도 이런저런 것들이 많이 올려져 있으면 재료를 요리에 맞게 손질하기 힘들다.

창의기계가 놓인 머릿속 핵심공간, 그러니까 생각공장은 용량이 그리 넉넉하지 않다. 한 번에 너댓 가지밖에 기억하지 못하는 데다 기억하는 시간도 길어야 20초에 불과하다. 머릿속의 그 작고 좁은 공간이 당장 필요도 없는 정보나 고민거리, 밀린 과제들로 가득 차 있다면 아무리 중요하고 급한 일이 생겨도 창의기계를 곧바로 가동할 수 없다.

머릿속을 정리한다는 것은 창의기계가 작업을 척척 해내도록 준비시키는 일이다. 도마가 필요한 순간 도마 위의 것을 치우고 어쩌고 하는 대신 언제든 필요할 때 바로 바로 작업할 수 있게 치우고 정리해두는 것이다. 그러기 위해서는 생각공장 안에 꽉 차 있는 쓰잘 데 없는 생각과 데이터, 기억과 감정 같은 지뢰를 없애는 것이 급하다.

04

여태 모르고 살아온 머릿속 속사정
: 알고 보니 쓰레깃더미 골칫덩어리

스티브 잡스는 왜 검은색 티셔츠에 청바지만 입었나

애플 창업자 스티브 잡스는 검은색 티셔츠에 청바지만 입었다.

페이스북 창업자 마크 저커버그는 후드티를 좋아한다.

버락 오바마 전 대통령은 재임 시절 한 가지 색 수트만 입었다.

K팝의 리더인 박진영은 배기바지를 자주 입고, 양현석은 걸핏하면 모자를 쓴다.

왜 유능하고 유명한 리더들인 데다 천문학적인 부자이기도 한 그들이 하나같이 옷 입는 재미를 모르는 걸까?

이 질문에 대한 답은 심리학자 대니얼 J. 레비틴 교수가 들려준다. 그는 탁월한 성취를 자랑하는 각 분야 전문가들을 탐색하여 그들이 머릿속을 어떻게 간수하는가를 연구했다.

페이스북 창업자 마크 저커버그(좌)
애플 창업자 스티브 잡스(우)

그는 우선 '볼펜으로 쓰실래요? 연필로 쓰실래요?' 이런 간단한
결정이라도 연달아 계속하면 그 이후의 결정에서는 충동조절 능력
이나 판단력이 떨어진다고 설명한다.

우리 뇌는 하루에 특정 개수만큼의 판단만 내릴 수 있게 구성되
어 있어서 그 한계에 도달하면 중요도에 상관없이 더 이상 판단을
내릴 수 없다는 것이다.

세계 1% 부자들이 매일 같은 옷만 입는 이유도 여기에 있다. 붉은
색 넥타이를 맬까, 줄무늬 넥타이를 맬까와 같은 단순한 결정-그들
이 보기에 그리 의미 없는 행위-에 그 귀중한 주의력을 할당하고 싶지 않
아서다. 글로벌 기업들이 임직원의 머릿속을 단속하고 나서는 동안
그들 기업의 수장이나 '새로운 일'로 급작스레 부자가 된 이들은 오
래 전부터 자신의 머릿속을 이렇게 단속해 왔다.

우리 머릿속에는 원숭이가 산다

　뇌가 활동하면 머릿속에는 활동공간이 마련된다. 앞에서 '생각공장'이라고 한, 말 그대로 헤드쿼터다. 마음 혹은 정신이라 불리는 이 공간에서 오만 가지 생각과 감정과 기억과 연상 등의 작용이 일어난다. 그런데 이 공간은 기본 값이 '엉망진창'으로 설정된 희한한 곳이다. 타고나기를 엉망인 머릿속은 여차하면 난장판, 여차하면 쓰레깃더미로 변한다. 우리는 머릿속 속사정이 이런 줄도 모르고 여태 산다.

　우리 머릿속에는 원숭이가 산다. 제임스 조이스의 《율리시스》에 나오는 율리시스의 연인 몰리 블룸이 침대에 누워 잠들기까지 벌인 생각의 릴레이를 떠올려보자. 무려 50여 페이지나 된다. 이 생각의 릴레이를 주도하는 것은 머릿속에 사는 원숭이다.

　명상 분야에서는 여기서 저기로 쉬지 않고 뛰어다니는 분주한 마음을 가리켜 '원숭이 같다'고 한다. 밀림에서 원숭이가 잠시라도 가만히 있지 못하고 이 가지 저 가지로 날아다니듯, 우리 머릿속에도 원숭이가 살고 있어 복잡하게 얽힌 온갖 생각과 기억과 정보가 이리 저리 엮이고 뛰어 오르고 난리를 친다. 이러면 우리 마음은 일관된 방향도 없고 끝 간 데 없이 꼬리에 꼬리를 물며 비약도 심한데, 그냥 두면 거의 대부분 부정적인 데로 치닫고 혼돈이 가속된다.

　'몰입'의 전문가 미하이 칙센트미하이 교수에게 '머릿속'에 대해 설명을 들어보자.

"생각의 질주가 길어지면 생각을 통제할 수 없게 되고, 이런 상황에서 사람은 자기 홀로 무수한 생각을 끌어안은 채 외로움과 고립감을 느낀다."

악마의 선물 스마트폰, 인터넷, SNS

태생적으로 자리 잡은 원숭이로 인해 머릿속은 가만히 놔두어도 산만하고 시끄럽기 짝이 없다. 여기에 갖은 스트레스가 더해지면 언제 터질지 모르는 부비트랩이 된다.

미국 하버드 의대 마인드바디연구소에 따르면 정신질환, 질병, 행동장애의 75~98%가 사고방식(또는 매일의 생각)에 달렸다고 한. 미국의학협회에서 밝힌 자료를 봐도 질환이나 질병 원인의 75%가 스트레스이며, 국제암연구기관과 세계보건기구는 암 발생의 80%가 스트레스에 원인이 있다고 할 정도다. 세포생물학자인 브루스 립튼 박사는 '질병의 98%가 무슨 생각을 하며 사는가에 깊이 연관되어 있다'고 단정한다.

자. 이쯤이면 우리 머릿속이 정상적인 기능을 하는 데만도 상당한 노력이 필요하다는 것을 알았을 것이다. 그런데, 여기에 구글, 아이폰(스마트폰), 페이스북, 카카오톡 같은 디지털기기와 SNS 프로그램까지 뇌의 활동을 가중시켜 인지적 흑사병이라 불리는 주의력결핍장애 등의 증상까지 유발하고 있다.

정리하면 이렇다. 머릿속 속사정으로는 합리적이고 건강한 생각을 하는 것만도 벅찬 형편. 여기에 우리는 남다른 생각, 탁월한 아이디어를 낳는 창의적 생산성을 요구당한다.

우리 머릿속을 창의성의 산실, 즉 창의적이고 생산성 드높은 생각공장으로 재탄생시키려면 머릿속을 의식적으로 돌보며 의도적으로 의미 있고 필요한 좋은 생각으로 꾸리는 작업부터 해야 한다.

머릿속을 생각공장이 작업을 하는 데 적합한 스마트한 공간(창의성 산실)로 정리하지 않고서는 어떤 후속작업도 의미 있는 성과를 기대하기 어렵다.

머릿속을 미니멀하게 간수하지 않으면서 허구한 날 무슨무슨 사고법이니 하는 것들을 따라다녀봐야 시간, 에너지, 주의력만 축나고 머릿속이 점점 더 복잡해질 뿐 원하는 변화는 불가능하다. 머릿속을 스팸 덩어리로 방치해두고 창의적 생산성을 바란다는 것은 어불성설이다.

05

머릿속 성능을 극대화하려면
졸고 있는 일머리를 깨워라

워킹 메모리에 치명적인 상황

2005년 12월 도쿄 증권거래소에서 일어난 일이다. 한 주식중개인이 모회사의 주식 61만 주를 단 1엔에 매도했다. 원래는 1주를 61만엔에 팔아야 했다.

2001년 런던에서도 유사한 일이 있었다. 한 주식중개인이 300만 파운드의 주식을 매도하려다 3억 파운드어치를 매도하는 바람에 주식시장에 일대 혼란을 가져왔다.

미국 노스플로리다대학의 트레이시 앨러웨이 교수는 이 증권맨들의 에피소드를 소개하며 머릿속 하나의 기능이 위협을 받으면 어떤 유능한 사람도 이러한 실수를 순간적으로 할 수 있다고 경고한다. 그가 말하는 기능은 '워킹 메모리'라는 것인데 일종의 '일머리'다. 어떤 일을 하든 지금이 무슨 상황이며, 무엇을 해야 하며 그를 위해 무엇을 필요로 하며 일을 잘 해내려면 어떤 정보나 기억, 기술이 필요한가를 판단하여 실행하는 능력을 말한다.

무슨 일이든 척척 잘 해내는 이들은 일머리, 워킹 메모리가 뛰어나다. 정보가 차고 넘치는 요즘엔 일머리, 워킹 메모리 역량이 더욱 중시되고 요구된다. 워킹 메모리가 위협받는 상황에서 일을 하면 여차하면 일본과 영국의 증권맨처럼 어처구니없는 실수나 잘못을 예사로 저지르게 된다.

많은 전문가와 학자들은 우리 뇌는 태생적으로 이런 실수와 잘못을 저지를 수밖에 없다고 설명한다. 심리학자 대니얼 레비틴에 따르면 우리 뇌는 하루에 특정한 개수만큼의 판단만 내릴 수 있게 만들어져 그보다 많은 의사결정을 해야 하는 상황에 처하면 더는 중요한 판단을 내릴 수 없어서, 결과적으로 예기치 못한 실수나 사고를 저지를 수밖에 없다.

노벨경제학상을 받은 허버트 사이먼은 우리가 올바른 결정을 내리고자 할 때, 흔히 부딪히게 되는 중요한 문제는 정보의 부족이 아니라 정보를 처리하는 우리 능력의 한계라고 지적하며 정보가 넘쳐나는 인터넷 시대에도 인간의 의사결정 능력은 크게 향상되지 않았다고 일침을 놓는다.

거듭 강조하지만 우리 머릿속은 사유가 일어나는 곳이다. 근사한 생각을 일으켜야 할 창조공간이다. 머릿속에서 이 같은 기능을 수행하는 영역을 워킹 메모리(작업기억)라 부른다. 워킹 메모리는 머릿속,

즉 뇌를 사용하여 기억하고 학습하는 영역이자 기능을 말한다.

워킹 메모리 관리가 탁월한 인재가 중요한 시대

세계의 젊은이들이 가장 가고 싶어 하는 기업인 구글에서는 어떤 유형의 인재를 찾고 있을까?

구글은 자신들이 찾는 인재에게 '스마트 크리에이티브'라는 이름 붙였는데, 이들은 전문성과 창의력을 기본으로 갖춰야 한다. 창의력이 제대로 작동하려면 워킹 메모리가 탁월해야 한다. 그래야 고도의 지적 능력을 발휘하며 창의적인 아이디어를 생각해내고 실행하는 데 어려움이 없다.

워킹 메모리를 오랫동안 연구해온 미국 노스플로리다 대학의 트레이시 앨러웨이 교수는 워킹 메모리를 정보과부하 시대의 뇌를 지휘하는 핵심능력으로 간주한다.[3] 그가 정의하는 워킹 메모리란 머릿속 정보들을 의도적·의식적으로 처리하는 능력이다. 워킹 메모리가 뛰어나다는 것은 어떤 상황에서든 의도적이고 의식적으로 정보를 취하고 활용하여 의미 있는 것을 추구할 줄 아는 능력을 갖췄다는 증거다.

그런데 워킹 메모리는 많은 주의력을 요하는 산만하고 부주의한

---

3 《파워풀 워킹 메모리》, 트레이시 앨러웨이·로스 앨러웨이 지음, 이충호 옮김, 문학동네.

상태에서는 맥을 못 춘다. 이렇게 되면 창의적 생산성은 급락하고 성과는 형편없어진다. 더 이상 스마트 크리에이티브라 할 수 없다. 워킹 메모리가 제 기능을 발휘하지 못하면 금 전두엽은커녕 허구한 날 머릿속 쓰레기와 싸우다 볼일 다 본다.

워킹 메모리도 최적화가 필요하다

스마트폰이 느려지면 몇 가지 조치를 해주어야 한다. 수없이 열려 있는 창을 닫고 쓸모없는 어플과 데이터를 삭제하고 군데군데 흩어진 메모리를 최적화한다.

머릿속 워킹 메모리도 최고의 성능을 발휘하게 하려면 주의력과 집중력을 갉아먹는 쓰잘 데 없는 것들을 없애버리는 최적화가 필요하다. 머릿속의 정보나 생각이나 감정들을 선별하고 덜어내고 줄이고 버리면, 즉 머릿속을 미니멀하게 만들면 워킹 메모리 역량이 탁월해져 생산성이 높아지니 좋은 성과를 낼 수 있다.

06

21세기 초능력,
세상을 움직이는 0.1% 인재들의 습관

생산성은 더 많이 일한다고 얻어지는 것이 아니다

찰스 두히그는 집필한 책의 성공으로 9개월 동안 하루도 쉴 수 없을 만큼 바쁘게 지냈다. 바쁘면 바쁜 만큼 놓치는 것이 많아지면서 여러 위기에 봉착했다. 그가 택한 해결방식은 여유롭게 일하면서도 세상을 움직이는 0.1% 인재들을 탐색하며 그들의 비결을 훔치자는 것. 그가 훔쳐본 인재들은 누구보다 바쁘고 성공적인 삶을 살면서도 항상 삶의 여유를 잃지 않았다. 그들은 인생의 소중한 것을 포기하지 않으면서도 원하는 것을 얻고 있었다. 대체 비결이 뭘까?

그는 경제학, 심리학, 의학 논문 수백 편을 뒤지고 세계 일류로 불리는 다양한 분야의 사람들을 취재했다. 구글의 최고 팀이 그토록 탁월한 이유도 분석했다. 그러고 마침내 중요한 통찰을 얻었다.

"생산성은 더 많이 일하거나 더 많은 땀을 흘린다고 해서 얻어지는 것이 아니고, 책상 앞에서 더 오랜 시간을 일하거나 더 큰 희생을 한다고 해서 얻어지는 것도 아니다."

그는 인재들에게 훔쳐 배운 8가지 비결을 정리하여 제시했는데, 그가 가장 힘을 실은 것은 '집중하기'였다. 중요한 것을 먼저하고 그 것을 위해 주의를 분산하지 말라는 것. 집중력이란 스스로 필요로 하고 원하는 대상에 집중할 수 있는 능력을 말한다.

대니얼 골먼이 연구한 자료에 따르면, 집중력이 높은 사람은 상대적으로 감정적인 혼란을 잘 다스린다. 기업들이 구성원의 주의를 관리하고 업무 집중력을 높여 창의적 생산성을 올리기 위해 큰돈을 쓰는 이유가 여기에 있다. 임직원 머릿속이 얼마나 정비되었는가가 기업의 생산성에 직결되기 때문이다. 찰스 두히그가 찾아낸 이 비결은 자기 분야에서 잘나가는 인재들의 핵심습관이기도 하다.

그들은 자신의 자원인 주의력이 분산되도록 방치하지 않는다. 머릿속에 신경을 쓰이는 쓰레기가 쌓여 주의력을 낭비하게 두지 않는다. 그들은 심플하게 정리되고 정비된 머릿속에서 의도적으로 의식적으로 의미 있는 것에 집중한다. 이렇게 잘 간수한 머릿속에서는 일하는 머리, 워킹 메모리가 저절로 향상된다.

가장 귀중한 자산, 주의집중력

업무시간에는 누구나 딴짓을 좀 한다. 그런데 근무시간 8시간 가운데 3시간이나 회사 업무 외에 딴짓을 한다면?

이 믿기지 않는 사실은 시간관리 및 리더십 컨설팅 회사인 프랭 클린코비사에서 6년 동안 전 세계 35만 명을 대상으로 리서치한 결과에서 밝혀졌다. 회사에 도움이 안 되고, 개인적으로도 중요하지 않은 '딴짓'에 낭비하는 시간이 업무시간의 40%나 되었던 것.

이 보고만 해도 2011년 즉 6년 전의 것임을 감안하면 스마트폰이 대중화된 지금 '업무시간 동안의 딴청지수'는 이보다 비교할 수 없을 만큼 높을 것이다. 스마트폰과 인터넷과 SNS의 대중화는 회사에서 딴짓하기라는 폐해뿐 아니라 일상 전반에 걸쳐 악영향을 미친다. 손안의 컴퓨터로 인해 걸핏하면 딴짓을 일삼고, 스마트폰과 구글과 페이스북과 카카오톡에 언제나 주의를 빼앗기며, 눈에 보이는 대로 일단 욱여넣고 본 정보의 과잉으로 머릿속은 걸핏하면 과부하가 걸려 멈춰서거나 오작동한다.

창의적 생산성은커녕 하나의 사고를 완성하여 마무리하기도 힘든 지경이다. 그 와중에 마케터들은 어떻게든 우리의 주의력을 빼앗아 자신들의 비즈니스에 활용하기 위해 혈안이 되어 있다. 이러한 상황에 처하면 힘들고, 불안하고, 우울해진다. 삶의 질이 뚝뚝 떨어진다. 결과적으로 머릿속은 더욱더 복잡해진다.

반면 우리에게 요구되는 것은 지금까지와는 다른 전혀 다른 차원의 사고능력이다. 불확실한 데다 변덕스럽고 복잡하며 모호하기 짝이 없는, 지금까지와는 전혀 다른 상황 속에서 야기되는 전혀 새로운 문제들을 어떻게 해결하고 가치를 창출하는가가 관건이다.

확실한 답을 모르거나, 답을 찾기 힘든 상황에서는 모호함과 혼란을 견디는 것이 힘이다. 애매하고 모호한 것을 끌어가며 답을 마련하는 지적 능력이 필요한데, 그러려면 머릿속이 다른 것으로부터 자유로워야 한다. 그래야 전혀 다른 분야의 정보나 지식, 생각을 하나로 모아 자신만의 통찰력으로 필요한 지식을 통합·정리·분석하는 능력을 발휘할 수 있다.

궁극적으로 우리에게 요구되는 능력은 인공지능을 능가할 만한 높은 수준의 창의성이다. 단순하게 지식을 활용하는 정도야 인공지능이 대체할 것이고, 인공지능에 밀리지 않는 창의성을 발휘하려면 극도로 몰입해야 한다. 몰입은 산만을 조절하고 충동을 극복하며 주어진 과제에 맹렬하게 주의를 집중할 때 가능한 상태다.

그런데 우리는 몰입하기 위해, 복잡한 머릿속을 정리하여 미니멀한 공간으로 회복하기 위해 어떤 노력을 하고 있는 걸까.

일상을 정리한다면서 책을 사 읽고 정리도구를 사들이는 데 시간과 관심과 돈을 들여본들 머릿속이 정리될까? 다른 곳에 잠시 눈을 돌리는 방식으로 머릿속 정리가 가당키나 할까?

일본 작가 사토 아이코 선생은 '문명은 더 진보할 필요가 없다. 진보가 필요한 건 인간의 정신력이다.'라고 말했는데, 그의 말에 빗대 나는 이렇게 말한다.

"더 멋지게 더 심플하게 더 적게……. 생활은 더 정리할 필요가 없다. 정리가 필요한 것은 우리들의 머릿속, 즉 정신력이다."

07

인공지능 알파고를 넘는 머릿속 핵심기술
: 미친 듯 심플!

알파고가 이길 수 없는 유일한 것, 창의적 생산성

하버드대학 심리학 교수 대니얼 길버트도 직장인이 업무시간에 얼마나 딴짓을 할까, 하는 연구를 했다. 그가 밝혀낸 것은 업무시간의 47퍼센트를 망상이나 공상에 사로잡힌 백일몽 모드로 보낸다는 것이다. 47퍼센트라니, 하루 근무시간의 절반이 아닌가.

이렇게 많은 시간을 업무가 아닌 다른 일에 날려버린다는 것은 업무에 투입되어야 할 주의와 시간과 에너지를 딴짓에 소비한다는 의미다. 이러니 회사가 요구하는 생산성을 충족시킬 리 없다.

우리가 알파고 같은 인공지능 프로그램을 무시할 수 없는 것은 거창한 이유가 있어서가 아니다. 이대로 가다간 일자리를 인공지능을 장착한 기계들에게 모두 빼앗길지 모른다는 지극히 현실적인 이유 때문이다.

많은 전문가들이 연구한 결과와 제시하는 대책들을 종합해 보면 이러한 기계들에 대항하여 이길 수 있는 유일한 비결은 창의적인 아이디어를 만들어내고 실현하는 것이다. 회사나 사회가 요구하는 수준으로 창의적 생산성을 발휘하려면 우선 워킹 메모리 성능부터 개선해야 한다. 그러려면 머릿속을 채운 많은 정보나 감정, 생각, 기억들을 정리하여 워킹 메모리가 작업할 공간을 마련해야 한다. 머릿속을 미니멀하게 정리하는 것이 우선이다.

머릿속 미니멀리즘의 핵심은 비우기

우리가 주목해온 리더나 핵심인재들은 심플하다 못해 강박적으로, 미친 듯이 심플하다. 머릿속을 심플하게 유지하기 위해 생활, 행동, 업무 모두 극도로 제한한다.

이들은 집중해야 할 것이 그 밖의 것에 가려지는 꼴을 못 본다. 제한된 주의력을 당면 과제에만 쏟아붓는다. 그 결과 큰 성과를 이룬다. 이 같은 초집중은 미니멀한 머릿속에서 나온 것이다.

'머릿속 정리'가 머릿속의 정보나 생각이나 감정, 기억들을 차곡차곡 정리정돈하여 잘 보관하는 일이라고 여기는 오해는 없으면 좋겠다. 머릿속을 정리하는 이유는 미어지는 머릿속을 비워 생각공장이 위치할 공간을 확보하는 데 있기 때문이다. 온 세계에 정리 붐을 일으킨 정리전문가 곤도 마리에가 '우선 잡다한 것들을 내다버려야 한다' 경고한 것도 비슷한 맥락이다.

머릿속 정리정돈의 결과인 머릿속 미니멀리즘은 머리를 쓰는 방식이자 머리쓰기 시대의 동력이다. 철학이자 방법론이며 접근방식이다. 미니멀리즘 방식의 생활은 심플하고 일 처리는 스마트하다. 보다 적은 의미 있는 것에 의도적으로 의식적으로 주의를 집중하여 대단한 것을 얻는 가성비 높은 삶이 가능하다.

다시 정리하면, 머릿속 미니멀리즘이란 머릿속 두뇌의 역량이 최고의 기능과 성능을 발휘하도록 최적화된 상태로 만드는 노력과 자세와 인식을 말한다. 그 핵심은 머릿속을 채운 쓰잘 데 없는 것들을 비워내고, 그렇게 마련된 창의적 사고 공간에서 문제해결에 필요한 사고작업이 적절하게 일어나도록 머릿속을 최상의 상태로 정비해두는 것이다.

08

그래서, 머릿속 다이어트

기업들이 아이디어에 목을 매는 이유

휴대폰, 노트북 컴퓨터 분야에서 내로라하는 글로벌 브랜드 제품을 생산하는 중국 기업 폭스콘의 1년 매출액은 애플, 델, 마이크로소프트보다 많다. 1996년 이후 연평균 성장률 46%를 기록하며 〈포브스〉 선정 200대 글로벌 기업 110위대에 랭크돼 있다. 델, 애플이 주요 고객사이며 아이패드의 경우 폭스콘에서 독점 생산한다.

그러나 이익률은 애플이 27%, 폭스콘은 단 4%다. 폭스콘 종업원 1명당 창출하는 가치는 대략 2,000달러. 애플의 경우 64만 달러다.[4] 애플은 전 세계 스마트폰 시장의 14.5%를 점유하지만 영업이익은 약

---

4 《스마트월드》, 리처드 오글 지음, 손정숙 옮김, 리더스북.

80%나 차지한다.[5] 이런 단순한 수치가 기업들이 아이디어에 목을 매는 이유를 설명한다. 구성원들이 그러한 아이디어를 내고 실현하여 이토록 매혹적인 가치를 창출하도록 하기 위해 기업들이 그토록 파격적인 대우를 제공하며 인재를 유치한다.

전에는 심각한 주차문제를 해결하기 위해 돈을 들여 부지를 마련하고 주차장을 짓는 것이 최선이었지만, 지금은 기존의 정보와 자원을 공유하여 주차난을 해결한다. 지식과 아이디어가 있으면 문제를 해결하는 데 돈이 들지 않는다. 이제 중요한 것은 돈을 얼마나 들이느냐가 아니라 어떤 아이디어로 해결할 것이냐이다. 이처럼 창의성은 기업과 조직, 개인의 명줄을 잡고 있다.

그러나 창의성의 산실인 우리 머릿속은 과잉 정보가 낳은 과잉 활동으로 전에 없이 복잡하고 분주하고 산만하다. 이래서야 인공지능을 능가하는 높은 수준의 창의성을 발휘할 리 만무하다.

필사니 컬러링이니 종이접기니 하는 것도 머릿속을 비워보려는 방편이겠지만 일시적인 '외면'일 뿐이다. 반면 구글이나 애플 등 글로벌 기업들은 임직원의 생산성 하락을 막기 위해 전사적으로 다양한 대책을 마련하여 시행하고 있다. 근무 중 수면실 사용을 적극 권하고, 명상 프로그램을 제공하며, 우주선 같은 사옥을 지어 집중과 몰입과 협업을 독려한다. 임직원이 머릿속을 제대로 정리해야만 창

---

5 《스티브 잡스의 이메일박스》, 마크 밀리안 지음, 권오열 옮김, 서울문화사.

의적 생산성이 유지되기 때문이다.

일이나 삶의 각 부문에서 제대로 머리를 쓰며 사는 것이 목적

　머릿속이 창의적으로 문제를 해결하는 일에 활용되려면 머릿속을 덜어내고 비워 가장 중요한 것에 집중하게 만들어야 한다. 나는 이러한 작업을 '머릿속 다이어트'라 부른다.

　머릿속 다이어트는 최고의 아이디어 생산을 위해 머릿속 미니멀리즘을 구현하도록 돕는다. 다이어트의 최종 목적은 살빼기가 아니라 건강한 몸과 마음을 갖는 것이다. 머릿속 다이어트도 이와 마찬가지로, 줄이고 비우는 것 자체가 목적이 아니라 일이나 삶의 각 부문에서 제대로 머리를 쓰며 사는 것이 목적이다.

09

사고천재들의 사소한 습관
: 머리 밖에서 생각하기

중요한 일에 집중한다

8번이나 미국 챔피언에 등극한 체스 천재 조시 웨이츠킨은 태극권에도 입문하여 21번이나 세계 대회에서 우승했다. 웨이츠킨은 SNS를 하지 않고 인터뷰나 미팅 요청도 거의 다 피한다. 그는 창조적 공간을 창출하기 위해 삶의 모든 공간을 빈 곳으로 만들려고 노력하기 때문이다.[6]

다산 전문가로 알려진 정민 한양대 교수는 인문학 강연 연사로 최우선 섭외 대상이다. 그러나 그는 거의 거절한다.

"강연을 하고 오면 여러 가지로 마음이 붕 뜬다. 가령 조찬 강연만 해도 그 전날 잠을 설치게 된다. 또 강연 전에 파워포인트 자료를

---

6 《타이탄의 도구들》, 팀 페리스 지음, 박선령, 정지현 옮김, 토네이도.

보내달라고 하는데, 그걸 준비하다 보면 하루가 가고, 강연 갔다가 학교에 돌아오면 정신이 멍하다. 최소 이틀 동안 나가떨어진다."[7]

그가 외부 강연을 거절하는 이유다. 자신에게 가장 중요한 것은 콘텐츠를 생산하는 것인데, 외부 강연에 끌려다니다 보면 에너지가 소진되어 중요한 것에 집중할 여력이 없어지기 때문이라고 한다.

워킹 메모리를 해방한다

머릿속에서는 워킹 메모리를 활용하여 정보를 처리한다. 워킹 메모리는 여유를 부릴 새 없는 짧은 작업시간, 용량조차 넉넉하지 못한 작업환경을 부여받았다. 그런데 머릿속에 기억하거나 해결하거나 처리해야 하는 것들을 다수 품고 있으면 정작 중요한 작업은 아무것도 할 수 없게 된다.

그러므로 머릿속 워킹 메모리를 잡다한 업무로부터 해방시켜주는 것이 중요하다. 그래야 수준 높은 생각, 창의적인 생산성을 기대할 수 있다.

앞에서 언급한 체스 천재 조시 웨이츠킨이나 정민 교수, 그리고 내가 직간접적으로 목도한 사고의 천재들은 머릿속 워킹 메모리를 자신이 가장 중요하게 여기는 것에 투자한다. 이를 위해 중요하지 않은 것은 머릿속에서 비워낸다. 이것이 바로 머릿속 다이어트다.

---

7 정민 교수 〈조선일보〉 인터뷰, 2014. 11. 22.

그러나 대부분의 어정쩡한 리더들은 그리고 평범한 대부분의 사람들은 머릿속에서 생각하고 머릿속에다 기억시킨다. 워킹 메모리가 차지해야 할 머릿속 공간에 수많은 기억과 정보를 쟁여 놓는다. 그러니 언제나 머릿속이 복잡하고 산만하여 제대로 된 생각을 하기 힘들다.

뒤집어 털어내라 - 인사이드 아웃

인사이드 아웃Inside Out의 원래 뜻은 '속을 뒤집다', 시원하게 속을 털어 내놓고 이야기한다는 것이다. 그리고 머릿속을 다이어트하는 기술로서 인사이드 아웃은 머릿속의 꽉 채운 생각, 자료, 감정 등을 머리 밖으로 끄집어내 머릿속을 비움으로써 머릿속 생각공장이 최고의 작업을 할 수 있게 만드는 것을 말한다. 한마디로 엉망진창인 머릿속을 덜어내고 솎아내 중요한 것에 집중하도록 만드는 기술이다.

인사이드 아웃은 의식적으로 의미 있는 것에 집중하며 사는 심플하고 스마트한 삶의 방식을 뜻하기도 한다. 머릿속을 뒤집어 필요 없는 것들을 비워내는 인사이드 아웃은 머릿속 다이어트의 핵심기술이다.

에딘버러대학 앤디 클라크 교수는 "인간의 사고는 머릿속에서 일어나지 않는다."고 단호하게 말한다.[8] 또한 "인간의 두뇌는 날마다 맞닥뜨리는 정보 과부하 또는 일의 복잡성 때문에 외부의 일정한 도움 없이는 작동하지 않는다."고 강조한다.

당신은 머릿속에서 생각하는가, 혹은 머리 밖에서 생각하는가? 최고들처럼 당신의 머릿속을 미니멀하게 만들려면 당신도 머리 밖에서 생각해야 한다. 그들처럼 비서를 둘 수는 없지만 머릿속이 중요한 것에만 집중하도록 머릿속에 쟁여놓은 기억이나 정보나 과업들을 외부화할 수 있어야 한다. 그렇다고 너무 겁먹지는 말자. 우리도 기억하려 애쓰기보다 달력이나 스마트폰, 메모, 주소록 등에 기억을 아웃소싱해온 경험이 있으니까.

---

8 《스마트월드》, 리처드 오글 지음, 손정숙 옮김, 리더스북.

10

스타벅스에서 커피보다 더 잘 팔리는 이것은?

: 손으로 생각하라

중요하든 아니든 머릿속에 담아두지 않는다

머릿속을 비우고 워킹 메모리를 가장 중요한 생각 작업에다 투자하는 미니멀리스트들은 정보나 데이터가 중요하든 아니든 일단 머릿속에 담아두지 않는다.

머릿속은 보관장소가 아니라 생각공장에 위치한 생각작업대임을 알아서다. 머릿속 미니멀리스트들은 머릿속에서 끄집어낸 것을 적어둔다. 메모지나 노트, 디지털 도구 등에 내용을 눈에 보이도록 기록하고, 적어둔 것은 순서와 중요도를 따져 우선순위를 정해 실행하거나 정리한다.

머릿속을 정리하고 정리한 머릿속에서 최상의 생각을 끌어내는 일의 전 과정에서 손은 가장 중요한 도구다. 다음으로 중요한 도구는 종이다. '손으로 생각하는 행위'가 일어나는 곳은 컴퓨터 모니터든 모바일 스크린이든 상관없지만, 종이에 쓰는 것이 생각하는 행위에는 가장 적절하다.

아이패드에 디지털 콘텐츠를 수도 없이 담아 다닐 수 있지만, 내 경우 디지털 콘텐츠를 프린트하여 손으로 중요한 곳에 표시를 해가며 읽는다. 그리고 핵심을 요약하거나 정리한 다음 인쇄물을 그 자리에서 찢어버린다. 그러면 뇌가 내용을 훨씬 잘 받아들이는 듯한 느낌이 든다.

생각을 정리하기 위해 쓸 때도 마찬가지다. 같은 내용이라도 지면으로 볼 때 뇌가 더 잘 이해하고 받아들이듯, 같은 내용이라도 타이핑을 하거나 터치패드를 눌러 입력하기보다 펜으로 직접 쓰기가 생각공장을 더욱 활성화한다.

아날로그 도구의 반격

해마다 12월이면 스타벅스 매장은 더욱 붐빈다. 한정판 다이어리를 구매하기 위해 더 많은 고객들이 다투어 찾기 때문이다. 스마트폰과 태블릿 PC가 보편화된 디지털 시대인데도 아날로그 도구인 다이어리의 인기는 승승장구다.

다이어리의 효과는 그저 손으로 기록하고 정리하는 재미를 안겨주는 데 그치지 않는다. 다이어리는 기억할 필요도 없고 정보를 잡아두기 위해 애쓸 필요도 없이 사고 과정에만 집중할 수 있게 돕는 머리 밖 외장하드다.

머릿속 협업도구 - 종이

내가 마지막으로 적을 둔 회사는 제지회사를 모기업으로 둔 한솔그룹의 계열사였다. 내가 근무하던 무렵은 21세기가 막 열리고 디지털 혁명이 급격하게 진행되던 때라 '종이 없는 사무실'이 현실화된다는 위기상황에 모기업은 물론 온 계열사가 대책 마련에 분주했던 기억이 난다. 그런데 막상 디지털 시대가 열리자 복사용지 등 종이 판매량이 예상했던 만큼 급격하게 줄어들지는 않은 것으로 드러났다. 이유는, 사람들이 모니터로 자료를 보기보다 인쇄하여 보는 쪽을 선호했기 때문이다.

디지털 기기와 콘텐츠가 종이 등 아날로그 매체와 거의 유사한 수준으로 발전했지만 머릿속의 생각공장은 아직 그 스피드를 따라잡지 못하는 듯하다. 일본의 인쇄회사 돗판폼즈에서 실험해본 결과, 컴퓨터 화면을 볼 때와 지면을 볼 때 같은 정보라도 뇌의 작용이 다르고, 지면으로 볼 때 정보를 이해하려고 하는 뇌의 기능이 더 활발하게 작동하는 것으로 나왔다. 이는 많은 연구들이 입증하는 결과이기도 하다.

영국 레스터대학의 케이트 갈랜드 교수는 스크린으로 읽는 것과 종이 위에 쓰여진 것의 차이를 연구했다. 연구 참가자들의 절반은 컴퓨터 모니터를 통해 자료를 읽었고, 나머지 반은 노트에 정리된 내용을 읽게 했다. 결과는 이랬다.

기본적인 내용 이해도를 알아보는 시험에서는 두 그룹이 비슷한 점수를 받았지만, 정보를 다시 불러오는 방식에 있어서는 매우 큰 차이가 생겼다. 컴퓨터를 통해 강의 자료를 읽었던 사람들은 단순히 기억에 의지하는 반면, 종이를 통해 자료를 읽었던 사람들은 해당 자료를 좀 더 깊고 빠르게 이해했다.

케이트 갈랜드 교수는 종이가 그 자체로 더 나은 학습도구여서 종이를 좀 더 영구적인 도구로 보는 반면, 온라인 기사는 일시적인 것으로 인식한 데 따른 차이로 보고 있다.

종이에 뭔가 쓰고 있다면 잘 생각하는 것이다

외장하드의 종류는 참으로 많다. 메모지나 화이트보드, 디지털도구 등 어디에든 생각을 메모하는 것만으로 사고 과정이 가능하다. 다이어리는 이 가운데서 가장 쉽고 빠르고 간편하게 사용이 가능한 외장하드다.

세계적인 기업 헤이Hay 컨설팅그룹의 디렉터 일본의 컨설턴트 야마구치 슈는 컨설팅 분야에서 잔뼈가 굵도록 일한 뒤 그 경험을 비즈니스 스쿨을 통해 이렇게 전수한다.

"종이에 뭔가 쓰고 있다면 잘 생각하는 것이다."

야마구치 슈는 생각하기와 고민하기를 같은 걸로 착각하는 것이 지적 생산성을 가로막는 가장 큰 걸림돌이라 주장한다. 그가 구분하는 생각하기와 고민하기의 결정적 포인트는 '손이 움직이지 않으면 생각하는 것이 아니라 고민하는 것'이다. 손을 움직이지 않고, 즉 뭔가를 쓰지 않고 '고민'하면 아무리 오랜 시간을 끌어도 결론을 낼수 없다고 그는 강조한다.

뭔가를 생각해본다고 시작하여 한 시간이 넘도록 손을 움직이지 않으면 결론 또한 없을 것이라고 장담한다.

구글의 수석디자이너 제이크 냅도 같은 의미의 말을 했다.

"종이에 뭔가를 쓰고 있는 한, 당신은 제대로 생각하고 있는 것이다."

11

집중력 관리가 성공을 좌우한다

나도 ADHD일까?

- 잘 집중하지 못한다.
- 쉽게 싫증을 낸다.
- 물건을 자주 잃어버린다.
- 자주 공상에 잠긴다.
- 수선스럽고 부산스럽다.
- 수다스럽거나 조용히 놀지 못한다.
- 상황에 상관없이 계속 움직인다.
- 산만하다.
- 충동적이고 우발적이다.
- 생각하지 않고 말하고 행동한다.

- 주의를 살피지 않거나 타인을 방해한다.
- 티가 나지는 않지만, 은근히 산만하다.
- 과제를 끝까지 수행하지 못한다.
- 의사결정이 수동적이다.

　　인터넷에서 조회한, ADHD라 불리는 주의력 결핍과잉 행동장애를 가진 아이들이 보이는 증상들이다. 아이들에게 일어나던 ADHD 장애가 성인에게 까지 번져 힘겨워하는 이들이 부쩍 늘었다. 아이들과 달리 어른들은 다음과 같은 증상을 보인다.

- 일할 때 마무리를 하지 못해 곤란을 겪는다.
- 체계가 필요한 일을 순서대로 진행하는 데 어려움을 느낀다.
- 약속이나 해야 할 일을 떠올리지 못하는 일이 잦다.
- 골치 아픈 일을 피하거나 미루는 일이 잦다.
- 이것저것 손을 대지만 끝내는 것은 거의 없다.
- 할 일, 약속 등을 과하게 잡아 늘 시간에 끌려다닌다.
- 일을 시작하면 5분도 지나지 않아 딴짓을 한다.
- 과제나 일을 한 자리에서 못할 정도로 집중력이 부족하다.
- 성격이 급하고 덜렁거린다는 평가를 많이 받는다.

한마디로, 집중력이 떨어져 고생하는 증상이다.

사고능력, 작은 차이가 큰 차이를 만든다

사람이라면 누구나 산만하고 충동에 시달린다. 초집중의 달인들 또한 산만함을 다스리고 충동을 다독이며 목표를 향해 주의를 분산하지 않고 집중하는 데 습관이 된 이들이다.

집중력은 산만함을 처리하는 능력이다. 머릿속을 미니멀하게 정리할 수 있다면 당신도 산만과 충동을 다스려 초집중을 얻어낸 그들처럼 당신 분야에서 뛰어난 능력을 발휘할 수 있다. 생각의 주인이 되는 빛나는 인생을 살 수 있다.

"앞으로는 시간이 아니라 집중력을 효율적으로 관리하는 기업이 성공할 것이다."

관심경제 전문가 토마스 데이븐이 한 말이다.

그렇다. 이제 집중력이 힘이고 돈이다. 고만고만하게 평준화된 환경에서 큰 차이를 만드는 것은 사고하는 능력이며, 사고능력은 집중력의 차이로 가름된다.

머릿속 정리란 머릿속을 꽉 채운 불필요한 정보나 생각, 감정 등을 처분하고 정리하여 머릿속에 중요한 것을 다루는 주의공간을 확보하는 것을 말한다. 인사이드 아웃은 머릿속 정리의 핵심기술로 머릿속의 것을 끄집어내 외부화하는 작업이다.

머릿속을 정리하는 기술의 핵심은 쓰기. 쓰거나 적거나 하는 머릿속 정리기술 가운데 가장 쉽고 빠르고 근사한 결과를 가져오는 방법이 메모 쓰기다. 안다고 생각했지만 잘 모르거나 제대로 할 줄 몰라 효과를 보지 못했던 메모 쓰기를 재발견해보자.

머릿속을 비워내는 메모

손으로 생각하라.

- 팀 브라운

01

비워라,
그리고 머리 밖에서 생각하라

혁신적인 아이디어는 손에서 완성된다

아이데오IDEO는 이름이 암시하듯 혁신적인 아이디어를 만들어내는 세계 최고의 디자인회사다. 이 회사의 CEO인 팀 브라운은 직원들에게 늘 이렇게 주문한다.

"손으로 생각하라."

아이디어가 떠오를 때 망설이지 말고 샘플을 만들어보라는 말이다. 그는 또 미국 주요 기업의 경영진들에게 혁신적인 사고를 자문하면서 기업의 성장과 혁신을 위한 도구로 '디자인적 사고'를 제안한다. 이 제안에서 그가 힘주어 강조하는 말이 있다.

"손으로 생각하라."

그에 따르면 혁신적인 아이디어는 머릿속에서 완벽한 계획으로 탄생하지 않는다. 머릿속에 떠올린 생각을 실제로 만들어보고 구현

디자인회사 아이데오의 CEO 팀 브라운(좌)
메모 가득한 아이데오 사무실 벽면(우)

해보는 과정에서 다듬어지고 완성된다. 이것이 손으로 생각한다는 말의 의미다.

비워냄과 동시에 드러내는 과정, 외재화

어느 회사에서 직원이 사망하면 배우자와 동거인이 10년 동안 직원이 받던 급여의 50%를 받는다. 회사에는 20개나 되는 뷔페식당이 있고, 30m 간식대가 놓여 있으며 직원 개인별로 제공되는 맞춤형 책상에서 근무한다. 언제든 '낮잠 캡슐'에서 쉴 수 있고, 애완동물 돌봄센터까지 설치돼 있다. 이 회사는 구글이다.

모든 기업은 영리가 목적이다. 구글이 이토록 직원복지에 투자하는 것도 직원들의 생산성 향상을 통해 성과를 극대화해야 한다는 목표 때문이다. 처음부터 직원들이 복지 후생의 불편함을 머릿속에

쌓지 않게 하려는 전략적 정책이다.

하지만 머릿속이 심플해지는 것만으로는 생산성을 올릴 수 없다. 머릿속을 비워 일머리 즉 워킹 메모리 공간을 확보한 다음, 비워낸 생각이나 데이터, 자료들로 머리 밖에서 생각해야 한다.

머릿속을 비움과 동시에 비워낸 것들을 외재화하는 것, 이것이 머릿속 다이어트 첫 번째 방식이다. 외재화는 머릿속을 비워내는 과정에서도 필요한 작업이지만, 머릿속의 것을 겉으로 드러내는 과정에서도 필요하다.

지식기반 사회에서 아무리 뛰어난 생각도 머릿속에 담아두기만 하면 아무것도 아니다. 어떤 구상, 아이디어, 생각, 계획, 경험, 지식 등이 있다 해도 겉으로 드러내지 않으면 누구도 알아주거나 인정해 줄 리 없다. 겉으로 모습을 드러내지 않은 그것들은 머릿속에서 잠시 머물다 사라질 뿐, 성과로 이어지지 않는다.

02

언어의 그릇으로 담아내라

우선 가시화하라

머릿속의 것들을 끄집어내 문자나 이미지 등으로 늘어놓고 시각화하면 사고의 전체상을 볼 수 있다. 무엇이 빠졌거나 넘쳤는지, 모순이나 비약이 일어났는지 등을 분명하게 확인할 수 있다. 시각화는 사고의 과정이자 기술이다. 머릿속의 것을 끄집어내 종이나 모니터에 정리하면 머릿속 일머리가 제 기능을 발휘하여 훨씬 효과적인 해결책을 더 많이 얻을 수 있다.

머릿속을 다이어트하여 최고의 사고작업을 하는 미니멀리스트들은 무엇이든 눈에 보이는 형태로 만들어 눈으로 확인한다. 머리 안팎에서 일어나는 행위를 눈에 보이게 가시화하면 뇌는 그 행위에 애착을 갖는다는 뇌의 특성을 이해하기 때문이다.

시간을 관리하는 시간일지 쓰기, 그날 먹은 음식을 기록으로 남기는 레코딩 다이어트, 그날그날 목표한 것을 수행하고 ×표시로 지워 가는 습관달력과 같은 것들이 뇌가 좋아하는 가시화 방식이다. 미니멀리스트들은 가시화를 위해 디지털 도구든 아날로그 도구든 구분 없이 활용한다.

언어화하기

머릿속에 생각은 많은데 표현하기가 힘들다는 말을 자주 듣는다. 그러나 핑계일 뿐, 말이나 글로 표현할 수 없는 것은 생각도 아니다. 자신의 생각이나 아이디어, 깨달음, 순간적인 느낌을 언어로 아웃풋을 할 수 있어야 비로소 생각했다고 할 수 있다. 내용을 문장으로 남기는 언어화는 나중에 떠올려 써먹기에 그만이다.

오감으로 느낀 것을 언어화하고 아웃풋하는 것은 오감을 단련하는 훈련이며 기억력을 증진시키는 최상의 방법이다. 일본의 유명한 소믈리에 다사키 신야는 와인 1,000종 이상의 차이점을 기억하는 것으로 유명하다. 그가 쓴 책《말로 전하는 기술》에서는 오감으로 느낀 것을 반드시 말로 바꾸라고 권한다.

"오감으로 받아들인 감각은 잠재적으로 머릿속에 머물 수는 있어도 그것만으로는 자유자재로 끌어낼 수 있는 기억이 되지 않는다. 언제든 생각을 떠올려 또렷하게 불러낼 수 있으려면 말이 필요하다. 각각의 와인을 오감 센서로 받아들이고 그 감각을 좌뇌에서 언어화하고 데이터로 축적하면 언제든 손쉽게 검색할 수 있다."

언어로 표현해야 그 생각의 정체를 알 수 있다. 언어로 표현함으로써 무엇을 말하려는지 무엇이 아닌지 맞는지 분명해진다. 언어는 생각을 담아내는 그릇이다. 언어라는 그릇에 담아내지 않은 생각은 아직 생각이 아니다.

차차 자세히 다루겠지만, 머릿속의 것을 끄집어내 언어로 표현하고 외재화할 때 가장 주의해야 할 것이 있다. 주어와 동사 등 문장성분을 완전하게 표현해야 한다는 것이다. 그래야 생각을 명료하고 구체적으로 드러낼 수 있다. 그래야 생각의 애매함이 사라지고 사고의 밀도가 높아진다.

03

최고의 인재들처럼 생각을 잡아두라

한 편의 글로 쓸 수 있어야 한다

세계 최고의 투자전문가 워런 버핏은 어떤 회사의 주식을 사려거든 왜 이 회사를 사겠다는 건지 한 편의 글로 쓸 수 있어야 한다고 강조한다. 만일 그 이유를 '한 편의 글로 쓸 수 없다면 단 100주도 사지 마라!'고 경고했다. 그는 왜 굳이 글로 써야 한다고 했을까? 그냥 생각하면 안 되는 걸까?

스티브 잡스는 이메일이라는 소통의 도구를 유독 편애했다. 글로 소통하는 도구였기 때문이다. 이메일을 통하면 대면으로 또는 공식 석상에서는 표현할 수 없는 속내와 감정표현을 여과 없이 드러낼 수 있음을 잘 알고 있었기 때문이라는 것[9]이 그의 이메일을 속속들이

———

9 《스티브 잡스의 이메일박스》, 마크 밀리안 지음, 권오열 옮김, 서울문화사.

아마존의 창업자이자 회장인 제프 베조스(좌)
세계 최고의 투자전문가 워런 버핏(우)

연구한 한 신문기자의 설명이다.

아인슈타인은 떠오르는 생각을 무조건 글로 표현했다. 그는 만년
필과, 종이, 휴지통 이 세 가지만 있으면 어디든 연구실이라 할 정도
였다.

세계 최고의 인터넷 기업인 아마존의 창업자이자 회장인 제프 베
조스. 그는 생각하기를 위해 따로 떼낸 2~3일 내내 웹서핑을 하며
어떤 것이 지금 가장 유행하며 어떤 트렌드가 유력한가를 살핀다.
그리고 2~3장짜리 메모를 남긴다. 떠오르는 생각을 어설프게나마
끄적인 게 전부인 메모지들은 회사 경영진에 의해 정리되고 정돈된
다. 이 과정이 끝날 때까지는 자신이 무엇을 생각했는지 혹은 별로
생각한 게 없었는지조차 모른다고 그는 말한다.

"메모한 내용에 대한 이야기를 다양하게 들어가며 놓친 것은 보

완하고 잘못된 것은 바로잡아요. 이런 식으로 처음의 아이디어를 다듬어갑니다."

제프 베조스 회장이 유난히 메모에 집착하는 것이 아니다. 어느 분야건 승자들은 머릿속에 있는 생각은 생각이 아니란 것을 잘 안다. 그래서 그들은 예외 없이 떠오른 생각, 머릿속을 오가는 생각을 메모지에 잡아둔다. 그러면 생각할 거리가 많아지고 잡아둔 생각을 다시 꺼내 좀 더 깊게 보며 다르게 이해하고 해석하는 시간을 갖게 된다. 그로 인해 메모하지 않으면 그냥 놓치고 말았을 많은 기회를 잡아챌 수 있다. 그들은 안다. 메모하지 않아도 되는 생각은 그리 중요하지 않은 것임을.

순간의 생각을 동결 건조하라

미즈키 아키코. 그녀는 항공기 1등실 객실을 담당했던 전직 스튜어디스다. 일반실에 비해 다섯 배 이상의 요금을 치르고 비행기를 타는, 성공한 사람 중에서도 소수만 탈 수 있는 1등석에 타는 이들을 16년 동안 지켜보았다. 그녀가 말하는 성공한 이들의 공통된 습관은 메모하기.

입국서류를 작성할 때가 되면 일반 승객들은 승무원에게 펜을 빌리느라 바쁘지만 퍼스트클래스 승객은 펜을 빌리는 일이 좀체 없다고 한다. 그들은 무엇이든 메모하는 습관 때문에 품안에 반드시 자신만의 필기구를 지니고 다닌다.

미즈키 아키토는 《퍼스트클래스 승객은 펜을 빌리지 않는다》라는 책에서 이 같은 사실을 소개하고, 메모는 최강의 성공 도구로 기록하는 행위는 신뢰를 주고, 아이디어를 동결 건조시켜 보존해준다고 정리한다.

표현하지 않은 생각은 생각이라고 할 수 없다. 그리고 생각을 명료하게 정리하거나 드러내는 데는 쓰기만큼 적절한 도구가 없다.

"실제 문자로 써보기 전까지는 어떤 구상이나 생각도 아무런 소용이 없다. 아무리 멋진 소재를 안다고 해도, 남들은 상상조차 할 수 없는 모험을 경험했다고 해도, 아무도 모르는 엄청난 비밀을 알고 있다고 해도, 쓰기 전까지는 아무것도 아니다."

소설가 김연수의 주장이다. 그의 주장도 써서 표현하기 전까지는 머릿속 어떤 것도 의미가 없다는 것이다. 나아가 그는 쓰지 않을 거면 생각조차 말라고 아무것도 하지 말라고 한다.

"그러니 생각하지 말자. 구상하지 말자. 플롯을 짜지 말자. 캐릭터를 만들지 말자. 일단 한 문장이라도 쓰자. 컴퓨터가 있다면 거기에 쓰고, 노트가 있다면 노트에 쓰고, 냅킨밖에 없다면 냅킨에다 쓰고, 흙바닥뿐이라면 돌멩이나 나뭇가지를 집어 흙바닥에 쓰고, 우주공간 속을 유영하고 있다면, 머릿속에다 문장을 쓰자."[10]

---

10 《소설가의 일》, 김연수 지음, 문학동네.

머릿속의 것을 밖으로 내놓고 손으로 쓰면서 생각한다

세계에서 제일 잘나가는 투자가인 워런 버핏은 해마다 주주들에게 직접 편지를 쓴다. 스티브 잡스는 생전에 누구와 언제든 할 말이 생기면 이메일을 쓰며 소통했다. 아마존의 제프 베조스 회장은 파워포인트 대신 서술형 보고서를 쓰게 한다.

세상에서 가장 비싼 인건비를 받는 그들이 행하는 이 범상치 않은 일들이 의미하는 바가 뭘까? 사고의 고수인 그들은 '머릿속'에서 일하지 않는다. 그들은 머릿속의 것을 밖으로 끄집어내 눈으로 보고 손으로 쓰면서 생각한다. 그들은 머리 밖 외장하드의 힘을 제대로 알고 활용하는 이들이다.

그들은 또한 창의력과 생산성을 발휘한다는 공통점을 갖는데, 그 비결은 '지금 여기'에만 집중하는 것이다. '지금 여기'에의 집중을 방해하는 것들은 비서나 보좌진에게 맡긴다.

04

파인만처럼 머리 쓰는 비결
: 쓰면서 생각하기

문제를 '쓰면' 문제를 명확히 인식할 수 있다

물리학자 리처드 파인만은 그는 누구든 어떤 어려움이든 문제에 봉착했을 때 해결할 수 있는 일반적인 해법을 제시했다.

1. 문제를 쓴다.
2. 열심히 생각한다. 종이 위에 쓰면서.
3. 답을 쓴다.

문제를 '쓰면' 문제를 명확히 인식하게 된다. 문제에 대한 해결방법을 쓰면서 생각하고 그렇게 도출된 답을 쓰다 보면 생각이 깊어지고 구체화된다. 답은 이렇듯 쓰기의 과정을 거쳐 자연스럽게 구해진다는 것이 그가 제시한 해법의 핵심이다.

구글의 아이디어 포착 노하우

출근길, 운전을 하다 보면 며칠 동안 끙끙대던 문제에 대한 꽤 그럴듯한 아이디어가 불쑥 떠오른다. 회사에 도착하자마자 보고서에 써야지, 하고 벼른다. 막상 출근하고 보면 남은 것은 '보고서 쓰자!' 는 기억뿐이다. '보고서에 뭘 쓰기로 했더라?' 늘 이런 식이다.

아이디어를 떠올리지 못해서가 아니라 기껏 떠올린 아이디어를 잡아두지 못해 그 다음 과정으로 나아가지 못한 것은 누구나 겪어본 경험이 있을 것이다. '아이디어에 의한 아이디어를 위한 아이디어의 비즈니스'를 하는 구글 같은 기업은 어떻게 아이디어를 잡아두고 발전시킬까?

이메일 중심의 인터넷 클라우드 서비스의 시작을 알린 지메일, 전 세계에서 7억 명 이상이 사용하는 통합 브라우저 크롬, 월드 와이드 웹에서 가장 많이 쓰이는 검색 엔진 구글 서치……. 이토록 독보적 인 아이디어를 실행하여 세계 최고의 가치를 창출한 구글만의 비법 이 있다.

아직 씨앗 단계에 불과한 모호한 아이디어를 확실한 것으로 만들 때 구글이 아이디어를 포착하는 방법의 핵심은 '메모하고 스케치하기'다. '이것이다' 싶은 좋은 아이디어가 떠오르면 일단 재빨리 잡아두고, 그런 다음 생각을 파고들어 현실성 있게 구체화한다.

1. 종이에 뭐든 쓴다.
2. 쓴 것을 보며 생각을 굴린다.

3. 생각을 구성한다.

4. 시안을 만든다.

세계 최고의 아이디어기업인 구글이 프로그램을 개발하는 방식의 핵심은 쓰든 그리든, 눈으로 보면서 손으로 작업한다는 것이다.

나는 종이 위에서 일한다 - 파인만

파인만은 '스스로 종이 위에서 일한다' 할 정도로 '쓰면서 사고하는 방식'을 편애했다. 그가 종이에 써놓은 것들을 보며 주위에서 '하루하루 한 일의 기록'이라고 말하면 그는 굳이 바로잡았다.

"종이는 기록이 아니다. 종이가 일을 하는 것이다. 당신도 종이 위에서 일하지 않으면 안된다."

영국 에든버러대학 철학과 교수 앤디 클라크는 "파인만이 종이에 쓰면서 생각하지 않았다면 그의 천재적인 성과는 불가능했을 것"이라고 주장한다. 클라크 교수는 '인간의 사고는 머릿속에서 일어나지 않는다'면서 파인만이 종이 위에서 생각하는 방식을 '사고의 확장 outing the mind'이라고 정의했다.[11]

생각을 머릿속에 두지 말고 끄집어내 눈으로 보며 작업하면 훨씬 더 나은 생각을 할 수 있다는 얘기다. 이 책에서는 '쓰면서 생각하

---

11 《정리하는 뇌》, 레비틴 지음, 김성훈 옮김, 와이즈베리.

20세기 최고의 천재 물리학자, 리처드 파인만

기'라고 부르겠다.

쓰면서 생각하기는 원하는 대로 생각을 끌어내는 최고의 도구다. 우리가 호모 사피엔스, 즉 지혜로운 인간일 수 있는 이유는 이 도구를 활용할 줄 알기 때문이다.

지혜로운 인간은 의미 있는 생각이나 아이디어가 절대 머릿속에서만 일어나는 것이 아님을 잘 안다. 맨손으로 일하기 힘들 듯 맨뇌로 생각하기는 어렵다. 하지만 지혜로운 인간은 특정한 도구나 방법을 사용하면 뇌의 사고가 촉진된다는 것을 잘 알기에, 생각할 때는 반드시 생각의 도구를 사용한다.

하버드대 학생들이 입증하는 글쓰기의 효과

하버드대학은 4년 내내 지독하게 글쓰기를 가르치는 것으로 유명하다. 글쓰기가 깊이 있게 사고하고, 창조적으로 생각하는 능력을 향상시켜준다는 뿌리 깊은 믿음에서다.

이 대학에서 오랫동안 글쓰기를 가르쳐온 낸시 소머스 교수가 하버드대 학생들을 대상으로 글쓰기 숙제 효과에 대한 설문조사를 한 결과로도 이 믿음은 검증된다.

학생들은 이구동성 글쓰기가 깊은 생각을 하도록 돕는다고 증언한다. 아울러 배운 것을 이해하고 아이디어를 적용하는 데 도움이 되며 새로운 아이디어를 탐구하도록 생각을 촉진한다고 말한다.

하버드대학 졸업생들은 학교를 졸업하고 나서 글쓰기의 중요성을 더욱 깨닫는다. 그들은 하고 있는 일에서 가장 중요한 것이 글쓰기이며 더 배우고 싶은 것도 글쓰기라고 말한다.

05

성공한 사람들의 일하는 습관
: 무엇이든 쓰고 보기

종이 위에서 생각하는 습관

하쿠시마 마사노부 선생은 일본 주식시장 1부 상장에 성공한 회사를 열 곳 넘게 탄생시킨 컨설팅업계의 전설이다. 그는 1년에 한 번씩 경영자 워크숍을 여는데, 어떤 질문이 나오든 0.1초 만에 대답을 한다. 질문을 듣고 바로 답을 떠올릴 수 있는 비법은 뭘까?

그가 20대 시절, 강연회장에서 만난 50~60대 경영자들이 질문을 하면 답을 하기 어려웠다고 한다. 그래서 질문을 종이에 써서 제출하게 하고 집에 돌아와 질문에 하나씩 답을 생각하며 글로 쓰는 일을 무한 되풀이했다.

2년 동안 1천여 건의 질문에 답글 5천여 장을 썼더니 이후 어떤 질문에도 척척 답할 수 있게 되었다. 언제 어디서 질문을 받더라도 이 범위를 벗어나지 않았던 것이다. 종이 위에서 생각함으로써 눈으로 사고를 촉진하고 눈으로 확인한 덕분이었다.

손으로 생각하는 습관

글로벌 기업의 이노베이션을 컨설팅하는 프로그 디자인. 이 회사의 선임연구원 루크 윌리엄스가 하는 일은 기업들이 '기발한 아이디어를 고안하고 그것을 실현하도록 돕는 것'이다.

그가 고객회사의 직원들로부터 가장 많이 듣는 문제는 '동료들과 이야기를 나누다 떠오른 아이디어가 곧바로 머릿속에서 증발해 나중에는 생각나지 않는다'는 것이었다. 그는 이렇게 처방했다.

"일단 적어두세요."

적어두지 않으면 머릿속에 그저 뜬구름 잡는 이야기로만 남는다는 것이다.

세계적인 디자인회사 아이데오IDEO는 창의와 혁신의 아이콘으로 유명하다. 아이데오의 CEO인 팀 브라운은 그 비결에 대해 이렇게 단적으로 말한다.

"손으로 생각하기 때문이다."

창의적인 아이디어를 낼 때도 머릿속의 생각을 종이 위에 써 놓고 눈으로 볼 수 있게 만드는 것이 중요하다고 강조한다.

일의 우선순위를 매기는 습관

생산성이 뛰어나고 성과가 탁월한 이들은 일에 바로 뛰어들지 않는다. 하루 일을 시작하기 전 머릿속을 정리정돈하는 일부터 한다. 그날 예정된 일들을 끄집어내 메모지 위에 일일이 부려놓고 하나하나 체크하며 경중을 가리고 우선순위를 매긴다. 체크한 것은 순서대로 직접 하거나 남에게 시키거나 없애버리거나 하는 식으로 처리한다. 절대로 머릿속에 그대로 놓아두지 않는다.

이들은 메모지를 적극 활용한다. 머릿속에서 일어나는 일들을 점검하기 위해, 생각이나 정보를 끄집어내기 위해, 중요한 일을 우선 처리하기 위해 메모지를 챙기고 쓰면서 생각하고, 쓰면서 머릿속을 정리한다.

언어를 능동적으로 사용하는 습관

언어는 머릿속의 것들을 담아내는 최적의 도구이자 머릿속의 것을 전달하는 최고의 수단이다. 그뿐 아니라 언어는 생각을 만들어내는 생산도구이기도 하다.

언어가 없이는 생각하기 힘들다. 이것이 머릿속 정리도구 1번으로 '메모 쓰기'를 꼽는 이유다. 쓰기는 종이 위에서 일어나는 생각의 마법이다. 이집트의 테우트(토트) 신이 글쓰기를 발명하여 이집트 왕 타무스에게 선물로 주며 말했다.

"이것은 이집트 사람들을 더 지혜롭게 해주고 기억력을 높여줄 것이다. 이것은 기억과 기지를 위해 특별히 고안된 것이기 때문이다."

대체 쓰기에는 어째서 이런 효능이 들어 있을까? 병원 외래환자들에게 다음 번 진료 예약 시간을 직접 쓰도록 하면 예약 시간에 병원에 나타날 확률이 18%나 높아진다고 한다. 단지 쓰는 행위가 이토록 대단한 효과를 가져 오는 이유는 이것이다.

"능동적으로 행동할 때 뇌의 특정 부분이 더욱 활성화되는데, 손으로 쓰는 행동을 했을 때 그 행동을 기억할 확률이 그러지 않을 때에 비해 크게 높아진다."

《설득의 심리학》을 쓴 로버트 치알디니의 설명이다.

종이 위에서 생각하면 생각의 속도에 따라 생각을 따라잡을 수 있고, 생각들을 통제하며 이리저리 살피면서 깊은 사고를 할 수 있다. 이 과정을 통해 생각은 깊어지고 확장되며 완성된다. 이것이 쓰기라는 마법의 원리다.

끄적이는 습관

머릿속 정리에 탁월한 이들은 대부분 끄적이길 좋아한다. 그들은 핵심단어 몇 개로 핵심구절을 만들거나 한 줄의 문장으로 머릿속 생각을 끄집어내는 걸 즐긴다. 그들에게는 쓰기야말로 머릿속을 정리하는 최고의 기술이자 좋은 생각을 만들어내는 생산도구다.

머릿속에서 완성된 생각이 문자로 종이 위에 표현되는 것이 아니라 중구난방 떠올랐다 사라지는 생각의 편린들을 단지 문자로 붙잡아 종이위에 부려놓는 행위가 머릿속을 정리하고 생각공장을 활성화시킨다.

06

창조적 인재들의 필살기
: 메모, 메모, 메모!

문제를 발견하는 즉시 메모하라

"더러운 카펫. 보풀. 선미 부분 지저분함. 스테인리스 스틸, 꾀죄죄
함. 메뉴, 실망스러움. 치킨커리 맛없음. 치킨은 커다란 덩어리로 잘라
야 함. 밥이 푸석거림. 치즈 접시에 스틸턴 치즈라고는 눈을 씻고 보
아도 안 보임."

어느 까칠한 고객이 레스토랑 홈페이지 게시판에 남긴 불평일까?
뜻밖에도 이것은 영국 버진그룹의 CEO인 리처드 브랜슨이 자신의
수첩에 적어둔 메모다. 글로벌 리더의 메모치고 너무 쪼잔하다는 생
각이 들지는 않는가? 하지만 바로 그 점이 성공의 필살기이다.

리처드 브랜슨은 기업이 성공하려면 경영자가 사무실 안에 있어
서는 안 되고 영업현장을 다녀야 한다고 말한다. 특히 '작은 세부사
항'을 잘 챙기고, 문제를 발견하는 즉시 적어두는 것이 매우 중요하

다는 것을 강조한다.

주의를 끈 모든 것을 빠짐없이 메모하라

엄청난 업무량과 일정을 소화하고 늘 새로운 정보나 인물을 접하면서도, 성공적으로 과제를 수행하는 경영자, 정치가, 예술가들이 있다. 머릿속이 엉망이라는 하소연 없이 바쁜 일정에 그 많은 일을 어떻게 해낼 수 있을까?

신경학자 대니얼 J. 레비틴 교수가 의문을 품고 답을 찾아나섰다가[12] 내린 결론은 이랬다.

"뇌의 작동방식에 맞춰 머릿속을 정리한다."

성공한 사람들은 주의력을 잃지 않고 자신의 일에 완벽하게 몰입하여 놀라운 창의력과 생산성을 발휘한다는 것이다. 빈틈없이 주의집중력을 발휘할 수 있는 비결은 '뇌의 주의 필터 기능을 외부 세계로 떠넘기는 것'이었다.

그는 과잉 정보 시대에 가장 긴요한 능력은 중요한 것에만 집중할 수 있는 '주의력'이며, 경고등이 켜진 주의 시스템의 과부하를 덜어주려면 뇌의 부담을 외부 세계로 넘기는 것이 유일한 방법임을 강조한다. 머릿속의 산만함과 싸우고 집중력을 유지하기 위한 방법으로 그가 콕 집어 알려주는 아웃소싱 방법은 이것이다.

---

12 《정리하는 뇌》, 레비틴 지음, 김성훈 옮김, 와이즈베리.

"우리의 주의를 끈 모든 것을 빠짐없이 모두 글로 적어두라."

과잉 정보 시대에 과잉 정신활동으로 머릿속이 수시로 과부하가 걸려 먹통이 되거나 오작동하여 엉터리 결과를 만들어낸다. 그 바람에 비명소리가 더 높아지는 이런 시대의 한복판에서 비서를 둘만큼 여유가 없는 우리들이 할 수 있는 방법은 레비틴 박사가 콕 집어 알려준 대로 우리의 주의를 끈 것들을 하나도 빠짐없이 모두 글로 적어두기, 즉 메모하기뿐이다.

이처럼 '쓰거나 메모하기'는 정보와 선택 과부하로 뒤엉킨 머릿속과 일상을 정리하는 최고의 기술이다.

07

천재들의 머릿속 정리 비결이 메모라니,
겨우 메모?

스티브 잡스의 생각도구는 아이폰이 아니다

단 두어 가지 제품으로 인류의 라이프스타일을 바꿔 버린 창조와 혁신의 대명사 스티브 잡스. 첨단기술의 대가답게 그가 소통한 방식도 '아이폰' 위주였을 것이라는 짐작이 가능하다. 그는 회사 내외부의 핵심인물들과 미팅할 때, 그들이 애플에 대해 어떻게 느끼고 인식하는가에 대해 섬세하게 캐치했다. 이때 그가 사용한 도구는 아이폰이나 아이패드가 아니라 펜과 메모지였다.[13]

미국 스탠퍼드대학 캐서린 콕스 교수는 역사적으로 큰 업적을 남긴 이들의 성공 요인을 추적했다. 뉴턴, 토머스 제퍼슨, 바흐, 레오나르도 다빈치, 에디슨…… 등 역사상 위대한 업적을 남긴 위인 301명

---

13 《싱크 심플》, 켄 시걸 지음, 박수성 옮김, 문학동네

을 추려내고 그런 다음 우수한 두뇌, 재능, 환경, 성격, 분야 등 가능한 기준에서 다방면으로 확보한 데이터를 중심으로 그들의 성공 비결 가운데 공통점을 찾아보았다.

결과적으로 그가 찾아낸 천재들의 성공 비결은 '메모하기, 저널 쓰기, 글쓰기'였다.[14] 세계사를 장식하는 위인들은 어떤 분야에서 어떤 위대한 내용이든 머릿속에 떠오르는 것들을 종이에 기록하는 습관을 가졌다고 볼 수 있다.

영국 버진 그룹의 CEO 리처드 브랜슨은 창조적 비즈니스의 아이콘이다.[15] 400여 기업을 거느린 48억 달러 재산가인 그가 가장 중요하게 여기는 것은 뒷주머니에 넣고 다니는 작은 노트다. 그는 이 노트가 없었다면 버진 그룹을 지금처럼 키우지 못했을 것이라고 강조한다. 좋은 생각이 떠올랐으나 메모할 길이 없어 가지고 있던 여권의 여백에 그 내용을 적었다는 일화는 유명하다.

그런데 위대한 인물들의 성공 비결이 겨우 메모하기일까? 정말일까? 메모하기만으로 원하는 성공이 가능할까?

---

14 《특목고 간 선배들의 공부 스타일》, 신성일 지음, 더디퍼런스.

15 《계속하게 만드는 하루관리 습관》, 케빈 크루즈 지음, 김태훈 옮김, 프롬북스.

겨우 메모? 무려 메모!

아이 시절 워런 버핏은 소심하고 소극적이었다. 어릴 때 모습만으로는 '세계 최고의 투자가'라는 지금의 모습을 아무도 짐작하지 못했다. 우연한 기회에 '카네기 리더십 클래스'를 접했고, 이것이 그의 인생을 바꾸었다고 그는 회고한다. 이 말을 들은 기자가 물었다.

"카네기 리더십이라면 특별할 것 없는 기본 중의 기본 아닌가요? 그게 어떻게 당신을 바꿀 수 있었지요?"

워런 버핏은 이렇게 답했다.

"세상에는 기본을 알고 기본대로 하는 이와, 기본이라고 대수롭지 않게 무시하는 이가 있다. 나는 기본을 했을 뿐이다."

나는 기업과 기관 등에서 사고력 계발 연수를 하며 메모하기의 중요성을 역설하고, 수시로 메모할 것을 권한다. 그러나 그리 귀담아 듣지 않는다. 사고력을 계발하는 방법치고 메모하기는 너무 사소하고 진부하다는 것이다. 그러면 나는 워런 버핏 회장의 말을 빌려 이렇게 응수한다.

"세상에는 기본을 알고 기본대로 하는 이와, 기본이라고 대수롭지 않게 무시하는 이가 있다. 제대로 생각하기의 기본은 메모하기다."

'겨우 메모냐?'고 묻는 질문에 나는 '무려 메모!'라고 답한다. 메모할 가치가 없는 글은 기억할 가치도 없다.

메모의 목표는 잊어버리기

메모하기의 진짜 위력은 메모함으로써 잊어버려도 된다는 데 있다. 머릿속을 잡다한 것들을 보관하는 데 쓰느라 정작 중요하고 의미 있는 것에 의도적이고 의식적으로 주의를 집중하지 못하는 경우가 대부분 아닌가.

그러나 메모를 하면 머릿속에 담아두지 않아도 된다. 잊어도 된다. 그 결과 머릿속은 더 중요하고 의미 있는 것에 주의를 집중할 수 있다. 메모의 목표는 기억하기 위해서가 아니라 잊기 위해서다. 그래야 머릿속에 기억하기 위해 욱여넣는 일이 없을 테니.

자, 메모하기라는 머릿속 정리기술에 대해 다시 인식하고 다시 도전하자. 정보는 차고 넘치며 결정할 것들 또한 목구멍 끝까지 차오르면 생각공장은 결국 멈추고 머릿속은 하얘진다. 이때 필요한 것이 바로 머릿속에서 할 일을 머리 밖으로 아웃소싱하기, 메모하기다.

어떤 분야에서건 생산성이 떨어지는 것은 정보는 많고 생각은 느리기 때문인데 이 상황에서 가장 필요한 것이 머릿속을 정리하는 일, 메모 쓰기다.

08

산만함과 부주의를 이기는 법,
쓰고 잊어라

메모란 머릿속을 오가는 생각 포착 도구

한국이 자랑하는 세계적인 로봇 전문가 데니스 홍. 그가 애용하는 메모 도구도 그저 노트다.

"학생 때 공원 벤치에서 앉아 있는데 저쪽 벤치에 어떤 아주머니가 딸의 머리를 땋아주고 있었어요. 머리를 세 가닥으로 묶어 가지고 두 개 사이에 넣은 모션이 재미있었어요."

그는 이 재미난 모습을 늘 가지고 다니는 노트에 그려두었다.

십 년이 지난 뒤 그는 교수가 되었다. 로봇 연구 제안서를 만들며 아이디어 노트를 보다가 십 년 전에 그렸던 그림을 보는 순간 머리카락이 로봇의 다리로 바뀌는(!) 기발한 아이디어가 떠올랐다. 전혀 관계없는 로봇과 머리 땋는 아이디어가 합쳐져 전혀 새로운 종류의 로봇이 탄생했다.

"메모하는 습관이 매우 중요하다고 믿어요. 그래서 늘 메모합니다. 메모하기는 아이디어를 잊어버리지 않게 잡아두기도 하지만 메모를 하면서 아이디어가 정리되거든요. 그래서 저는 항상 노트와 연필을 갖고 다녀요."[16]

메모란 머릿속을 오가는 생각을 포착하는 도구다. 메모는 포착한 생각의 단편들을 필요할 때 들여다보고 자극받고 새로운 아이디어로 활용하는 계기를 마련해준다.

주의집중력은 모든 성공의 핵심요소

다이어리나 일정표, 메모지와 같은 아날로그 방식을 쓰든 이메일, PC 하드 드라이브, 웹 클라우드, 에버노트 같은 디지털 도구를 활용하든 메모의 목표는 잊어버리기다. 머릿속 정보를 머리 밖 메모에 맡겨두면 마음 놓고 잊어버릴 수 있어 머릿속의 부담을 덜어준다.

잊어버리지 않기 위해 전전긍긍하면서 간직해야 하는 것들을 머리 밖으로 털어냄으로써 생각공장은 작업에 필요한 주의를 대량 확보할 수 있어 처리해야 할 과제에 집중하게 된다.

메이저리그 뉴욕 메츠의 스포츠 심리닥터인 조너선 페이더 박사. 그는 메이저리거를 포함하여 다양한 분야의 스포츠 선수들과 비즈니스, 엔터테인먼트 분야에서 최고의 성과를 올린 하이퍼포머(최고

---

16 KBS - 1TV 프로그램 〈오늘 미래를 만나다〉

성과자)들을 쫓아다니며 그 비결을 연구했다.

그가 발견한 비결 중의 비결은 집중력과 몰입능력이었다. 그는 최고의 선수와 평범한 선수를 가르는 결정적인 차이가 여기에 있다고 분석했다.

나는 30년 동안 방송·신문·출판·웹 등 미디어 분야에서 언론이 찾아다니는 인물들과 주로 일했다. 그들이 자기 분야에서 성공한 비결도 페이더 박사가 분석한대로 목표에 주의를 집중하여 전념하는 것이었다.

주의집중력은 모든 성공의 핵심요소다. 의미 있는 것에 주의를 집중하여 전념할 때 어떤 성공이든 거머쥘 수 있다. 문제는 수시로 산만해지고 끓어오르는 충동에 지지 않고 목표를 향한 주의력을 지속해야 한다는 것이다. 이 만만찮은 노력을 돕는 것이 메모다. 메모는 산만을 극복하고 충동을 조절하여 주의력이 분산되지 않도록 돕는 데 탁월한 역할을 한다.

09

집중력 도둑,
머릿속 원숭이 생포 기술

당신의 집중력은 물고기보다 나은가?

물고기의 집중력 지속 시간은 9초다.[17] 인간은 8초. 2000년에 12초이던 인간의 집중력이 물고기보다 짧아진 것은 역시 PC나 스마트폰을 삶의 필수품으로 끼고 산 덕분이다. 직장인들은 3분에 한 번꼴로 하던 일을 멈추고 딴짓을 한다.[18]

이메일이나 전화나 메신저가, 인터넷 화면의 자극적인 링크와 플래시가 집중을 방해한다. 이렇게 딴청을 부리다 하던 일로 돌아가는

---

17 유튜브 과학 채널인 〈ASAP 사이언스〉가 물고기에 대한 다양한 실험결과를 유튜브 영상으로 제작해 공개했다. 'Are You More Forgetful Than A Fish?'라는 유튜브 영상에서.

18 뉴욕의 비즈니스 연구기관인 바섹스(Basex)의 연구결과. 대부분의 직장인들은 3분에 한 번씩 지금 하던 일을 제쳐두고 다른 일을 하는 것으로 조사됐다고 〈비즈니스위크〉 최근호가 보도했다.

데 걸리는 시간은 거의 한 시간 반이 걸린다고 한다.

그런가 하면 경영자와 프로그래머가 하루 중 업무에 온전히 집중하는 시간은 11분뿐이라고 한다. 울리는 전화벨, 휴대전화의 진동, 이메일 도착을 알리는 신호음 혹은 동료들의 간섭이나 잡담 등의 방해 요소로 인해 업무시간은 수시로 단절된다. 이런 식으로 단절과 방해에 익숙해지면 방해가 없는 상황에 놓이더라도 스스로 방해를 찾아 나선다고 한다.

이렇게 집중력이 떨어지면 생산성이 떨어져 업무 부담이 높아질 수밖에 없으며 1분마다 새로운 '정보 자극'을 받아야 직성이 풀리는 사람은 그런 습관을 주말까지 끌고 가기 때문에 여가와 휴식에도 영향을 미친다.[19]

천재와 그렇지 못한 사람의 차이는 종이 한 장

우리 머릿속에는 수시로 생각의 가지를 타고 날아다니는 원숭이가 산다. 이 원숭이는 우리의 의지와 전혀 상관없이 날아다니기 때문에 우리는 수없는 충동에 시달리고 산만해지는 상태를 제어하기 위해 애쓰느라 진이 빠진다. 정작 해야 할 중요한 생각에 투입할 주의력과 에너지는 일찌감치 고갈되기 일쑤다.

---

19 UC 어바인(캘리포니아주립대)의 글로리아 마크 교수가 직장인의 시간 활용 패턴을 모니터한 결과이다.

문제는 이 생각들 틈에 어쩌다 번뜩이는, 놓치면 안 되는 생각이 섞여 있다는 것이다. 마치 건초더미를 헤집는데 그 속에서 바늘 하나가 햇빛을 받아 반짝일 때 어떻게 그 바늘을 건져내는가와 같다.

"천재의 생각은 날아다닌다. 또라이의 생각도 날아다닌다. 이 둘은 종이 한 장의 차이다."

문화심리학자 김정운 선생의 주장이다.

맞다. 천재와 그렇지 못한 사람의 차이는 종이 한 장에 달렸다. 천재들은 머리 밖 종이 위에서 생각한다. 하나의 생각에 골몰할 때 번뜩이는 좋은 생각, 놓치면 안 되는 기억이 떠오르면 일단 종이 위에 잡아둔다. 요즘에는 스마트폰을 활용하는 사람도 많다. 요는 머릿속에 그냥 담아두고 잊어버리지 않으려 애쓰는 일이 없다는 뜻이다.

포스트잇을 늘 가까이에 두자. 주의집중이 필요한 중요한 일을 하는 도중 쓸모 있는 머릿속 원숭이를 잡아야 한다면 포스트잇에 한두 단어로 메모한 다음 바로 하던 일로 돌아가자.

이 실물의 포스트잇은 머릿속 잘 보이는 곳에 포스트잇을 붙여놓은 효과를 발휘한다. 메모지나 메모북보다 포스트잇이어야 하는 이유는 그것을 다시 챙겨야 할 때 바로 눈에 뜨여야 하기 때문이며, 생각처럼 날아가지 않게 고정해두기도 해야 하기 때문이다.

10

생각을 막지 마라
: 냅킨에도 쓰고 손바닥에도 써라

생각은 휘발성이 강하다

군대를 다녀온 이들처럼 '아이디어 뱅크'라 불릴 만큼 창의적인 사람들에게도 무용담 하나는 있기 마련이다. 어떻게 우연히 그 기막힌 생각을 떠올렸으며, 그 순간을 어떤 방법으로 포착했는가 하는 이야기들.

머릿속 생각공장은 휘발성이 강해 어떤 좋은 생각도 오래 담아두지 못한다. 아이디어 뱅크들의 무용담에 따르면, 그들은 식사를 하는 도중에 번쩍! 아이디어가 떠오르면 금세 놓칠세라 식탁 매트에도 메모하고 냅킨에도 메모한다. 메모지가 없으면 손바닥에도 메모하고, 펜이 없어 립스틱으로도 메모하고, 여권에다 메모했다는 이야기도 전해진다.

화학자 캐리 멀리스는 한밤중에 차를 몰고 가다 갑자기 중합효소

연쇄반응에 관한 아이디어가 떠올랐는데, 그 연구로 노벨화학상까지 받았다. 그는 곧바로 고속도로 갓길에 차를 세우고 종이와 펜을 찾아 몇 번의 '유레카!'를 외치며 메모를 했다고 한다.

머릿속 생각공장이 가진 또 다른 치명적인 결함은 변비에 잘 걸린다는 것이다. 머릿속에서 어떤 신호를 보낼 때 막지 말고 바로바로 받아내야 한다. 그러면 머릿속은 길어 올릴수록 맑아지는 우물처럼 더 좋은 생각들을 무진장 많이 방출한다. 메모 쓰기를 통해 뇌가 기억해야 한다는 스트레스에서 해방되면 오히려 기억하려는 잠재의식이 강화되는 효과도 있다.

무엇이든, 어디에서든, 언제든 메모!

가리지 말고 살피지 말고 머릿속 내부의 것뿐만 아니라 신경을 거슬리는 어떤 것이라도 메모해야 한다. 그러니까 메모의 기준은 '무조건'이다. 레비틴 교수는 기억할 것, 사고할 것을 머리 밖으로 끌어내 외부화하면 두뇌의 능력이 대폭 확장되어 새로운 문제를 해결하는 데 필요한 생각을 얻어내기 쉽다고 알려준다. 그러니 가리지 말고 무엇이든 메모할 것.

머릿속 생각공장은 주의가 느슨해질 수 있는 공간에서 좋은 생각을 더욱 많이 만들어낸다. 생각해야 할 거리를 머릿속에 담아둔 채로 단순 업무를 하거나 산책을 하거나 주의를 느슨히 하면 생각공장은 활발하게 일한다. 그러므로 때와 장소를 가리지 않고 메모할 수 있도록 대비해야 한다.

영화감독 우디 앨런은 뜨거운 물에 오랫동안 샤워하면서 창의적인 아이디어를 얻는다. 펜실베이니아대학 심리학과 교수 스콧 배리 카우프만이 창의적 인물 4,000명을 대상으로 한 연구에서도 72%가 샤워를 하며 새로운 통찰을 얻었다고 한다. 그런데 어째서 샤워기 앞에 서면 좋은 생각이 잘 나는 걸까? 카우프만 교수의 설명이다.

"샤워할 때의 고독하고, 편안하며, 선입견 없는 환경이 생각의 흐름을 자유롭게 하면서 창조적인 아이디어를 얻을 수 있도록 한다."

세계적인 디자인회사 아이데오IDEO의 데이비드 켈리 대표는 샤워실에 화이트보드용 펜을 들고 들어간다. 샤워 도중 떠오르는 생각들을 놓치지 않기 위해서다. 그는 샤워부스 유리벽에 생각이 떠오를 때마다 빠짐없이 적는다.

화장실도 생각의 인큐베이터다. 아이데오의 사무실에 딸린 화장실에는 바닥부터 천장까지 닿는 칠판이 설치되어 있다. 화장실을 이용하는 임직원들이 마구잡이로 떠오르는 생각을 메모할 수 있도록 배려한 것이다.

에버노트 본사의 모든 벽은 '아이디어 페인트'로 칠해져 있다. 곳곳에 사인펜과 지우개를 비치해 언제 어디서나 낙서하듯 자유롭게 자신의 아이디어를 쓰고 지울 수 있다.

기회는 두 번 돌아오지 않는다

나중에 해야지, 다시 봐야지 하다간 놓치기 십상이다. 그 자리에서 *끄*적여 메모할 내용이 아니라면 실물을 손에 넣고 스마트폰으로 찍어 메일로 바로 보내두는 것도 좋은 방법이다.

머릿속에서 *끄*집어내거나 기억하지 않으면 사라지고 없을 것들을 붙잡아두는 데 가장 필요한 것은 스피드다. 빨리 바로 하지 않으면, 종이를 찾고 펜을 뒤지는 사이에 사라진다. 그사이에 흥미도 식고 욕구도 사라진다. 대책은 종이와 펜을 세트로 집 안 곳곳, 사무실 곳곳, 옷 안이든 차 안이든 어디에나 놓아두는 것이다. 심지어 욕실에도.

"메모할 기회는 두 번 돌아오지 않는다."

데이비드 켈리의 말이다.

11

머릿속 다이어트가 저절로 되는
메모 쓰기의 규칙

메모 쓰기 규칙 1. 즉단즉결

메모는 머릿속에서 떠오르는가 싶더니 순식간에 사라지는 생각들을 순간적으로 붙잡아두기에 그만이다. 따라서 즉단즉결이 원칙이다. 그 자리에서 바로 빨리 메모하지 않으면 두 번 기회를 얻기 힘들다.

좋은 생각일수록 빨리 휘발되는 법, 무조건 즉석에서 메모한다. 그러려면 방법 또한 쉽게 바로 가능한 것이라야 한다. 메모지와 펜을 찾아다니느라 시간을 지체하거나 스마트폰의 잠금 설정을 해제하고 메모 어플로 찾아들어가는 시간마저도 아깝다. 수단과 방법을 가리지 말고 그 자리에서 메모해야 한다. 어떤 경우에도 펜과 메모지 혹은 디지털도구를 손 옆에 두어야 한다.

메모 쓰기 규칙 2. 한 번에 하나씩

메모는 한 번에 하나씩 하는 것이 좋다. 한 장의 종이에 하나의 생각만 잡아두어야 메모한 내용을 파악하기 쉽고 정리와 처리가 편하다. 한 장의 메모지에 하나씩의 메모를 한 다음, 정리와 처리를 하고, 메모지를 없애는 과정은 '기억해야 할 것을 놓치지 않고 처리했음'을 뇌가 인식하게 만든다.

뇌가 이렇게 인식하면 더는 이 일에 신경 쓰지 않는다. 메모북이나 노트에 차곡차곡 적은 생각들이 내용을 정리하고 처리한 이후에도 여전히 그곳에 남아 있으면 뇌에게 완결되었다는 신호를 보내기에 미흡하다.

메모 쓰기 규칙 3. 뇌가 좋아하는 방식으로

뇌는 빠른 보상을 좋아한다. 한 줄 한 줄 선형적으로 꼼꼼하게 노트한 메모는 뇌가 좋아하지 않는다. 뇌가 좋아하는 방식은 메모지 한 장에 하나씩 메모한 다음 처리 후 메모지를 바로바로 없애는 것이다. 그러므로 한 장 씩 뜯어쓰는 메모지를 권한다.

하지만 노트에 메모하기를 고수한다면 노트 한 줄 한 줄 메모하기보다 노트에 칸을 나누어 한 칸에 한 가지씩 메모하는 방식도 있다. 칸칸이 메모한 다음 처리한 후 해당 칸에 ×표시를 크게 하면 뇌는 '완결되었음'으로 받아들여 다시 신경 쓰지 않는다.

12

알고 보면 더 놀라운 실리콘밸리 갑부들의
최첨단 머릿속 정리도구

포춘 500대 기업의 CEO들은 어떤 일정표를 사용할까?

《성공하는 CEO들의 일하는 방법》의 저자인 스테파니 윈스턴이 추적한 자료에 따르면, 경영자들은 색인 카드와 같이 단순하고 기본 기능만 갖춘 일정표를 사용한다.

그들은 메모할 때도 기본적인 도구인 펜과 메모지를 주로 쓴다. 윈스턴은 디지털 시대를 살고 있음에도 불구하고, 많은 CEO들이 기본만을 고수하고 있어 무척 놀랐다고 한다. 기능과 성능이 각별하다 할지라도 일정표의 본질은 일정관리가 편해야 한다는 것. 본질적인 사고에 능한 경영자들답다.

"생각을 써 내려갈 때는 자동적으로 거기에 온 신경을 집중하게 된다. 한 가지 생각을 쓰면서 동시에 다른 생각을 할 수 있는 사람은 거의 없다. 따라서 연필과 종이는 집중을 위한 가장 좋은 도구다."

미국의 경영자 마이클 르뵈프의 말이다.

그렇다면 창의적인 직업군의 대표 주자인 디자이너들은 아이디어를 내거나 정리할 때 첨단 디지털도구를 사용하지 않을까? 그러나 그들 또한 발상을 위해 브레인스토밍을 하고 아이디어를 정리하는 데에는 '종이와 연필'을 주로 사용한다. [20]

"아이패드는 창조적 작업에 최적의 도구다."

애플 CEO 팀 쿡이 12.9인치 대화면 아이패드 프로와 스타일러스 펜을 공개할 때 한 말이다. 아닌 게 아니라 아이패드를 신분증처럼 가지고 다니며 보여주고 기록하고 일하는 모습이 심심찮게 보인다.

창의적인 일을 하는 사람들은 일종의 표식처럼 아이패드를 지닌다. 하지만 〈뉴욕타임스〉에서 보도한 자료에 따르면 정작 디자이너들은 구식 도구를 선호한다. 생각을 끌어내고 아이디어를 정리하는 데는 '종이와 연필'만 한 것이 없다는 것이다. '첨단' 디지털 분야인 페이스북의 최고 운영책임자인 셰릴 샌드버그도 미팅할 때면 아이패드가 아니라 작은 노트와 펜을 지참한다.

신경학자 대니얼 레비틴 박사의 연구결과를 보아도 사회적으로 성공한 이들이 거의 대부분 펜과 메모지 혹은 카드를 가지고 다니며 손으로 직접 메모한다. 그런데 왜 그들은 첨단기술을 두고 원시적인 도구인 펜과 노트를 애용하는 걸까?

---

20 〈뉴욕타임스〉에서 디자이너 4,000명을 대상으로 한 설문조사의 결과다.

어쩌면 이들은 디지털 도구보다 아날로그 도구를 습관적으로 애용하는지도 모른다. 분명한 것은 머릿속 생각공장의 기능을 활성화하고 머릿속을 정리하는 데는 아날로그 도구를 사용하는 쪽이 훨씬 낫다. 캐나다 오타와대학 재활치료학과 카차 페더 교수가 친절히 말해준다.

"머리와 손은 친하다. 글쓰기를 반복하면 손에서 자극이 발생하여 뇌로 연결되는 일종의 작은 길이 생긴다. 일단 그 길이 만들어지면 쓰기 자극이 일어날 때마다 뇌가 활성화되는 것은 물론, 그 자극 덕분에 필기한 내용이 머릿속에 잘 저장된다. 기억력 향상 효과 까지 있다."

심리학자 팜 밀러 교수에게 좀 더 부연 설명을 들어보자.

연구진은 손으로 필기하는 학생과 노트북으로 필기하는 학생을 대조하여 실험한 연구에서 "손으로 쓰는 것보다 자판을 치는 것이 빠르고 입력해둔 자료를 검색하기도 아주 편하다. 하지만 같은 이유로 타이핑은 강의 내용을 고스란히 받아 적는데 치중하는 반면, 손으로 필기할 경우 강의 내용을 요약하고 기억할 내용을 추리는 등 손으로 쓰기 전에 머릿속에서 우선 정보를 처리함으로써 더 심도 깊은 수준에서 자료를 대한다."고 밝혔다.[21] 이러한 이유에서 손으로

---

21 팜 밀러와 다니엘 오펜하이머가 UCLA와 프린스턴대학의 학생 327명을 대상으로 진행했던 실험 내용이다.

메모하는 것이 노트북이나 아이패드, 스마트폰을 이용하는 것보다 머릿속 정리에 훨씬 도움이 될 것이라는 추론이 가능하다.

초일류들은 머릿속을 하이브리드하게 정리한다

건축가나 디자이너, 시인이나 소설들은 아이디어 구상 단계에서는 스케치북에 손으로 연필로 머릿속을 정리한다.

아이디어가 정리되면 실제 작업으로 들어가고 이때는 컴퓨터가 메인 도구다. 컴퓨터와 손, 디지털과 아날로그 도구를 번갈아가며 사용한다.

이렇게 도구를 바꿔가며 생각하면 생각하는 방식이 다양해지고 활발해진다. 그러므로 머릿속 정리도구를 어느 하나로 한정하는 것은 바람직하지 않다. 디지털이냐 아날로그냐 따질 필요 없이 모두 활용하는 것이 좋다. 역시 쓸거리를 다듬는 단계에서는 손글씨로, 이후 보다 깊게 생각을 전개할 때는 타이핑하며 생각의 속도를 따라잡는 것이 좋지 않을까.

끝도 없는 일을 간단하게 처리하는 방법론을 창안한 데이비드 앨런도 종이와 펜 숭배자다. 머릿속에서 무언가를 꺼내는 가장 쉽고 접근 가능한 방법은 펜과 종이를 통해서라고 수없이 강조한다.

13

잘 길들인 연장으로
머릿속을 정리하라

고수는 잘 길들인 연장을 갖는다

1일 1줄 돈 버는 습관, 하루 세 줄 마음 정리법, 3색 볼펜 읽기, 파란색 공부법, 꿈을 이루는 미래일기, 한 줄 가계부, 레코딩 다이어트, 공부일기…….

최근 서점 매대를 장식한 책 제목들이다. 이 책들은 하나같이 '손글씨로 쓰기'를 강조한다. 손안의 스마트폰에서 사무실의 PC, 집 안의 월패드까지 터치스크린이 장악한 지금, 공부도 마음 정리도 다이어트도 손글씨 쓰기로 가능하다고 주장한다.

내가 아는 중견기업의 CEO는 뭔가 해결해야 할 거리가 생기면 재킷 안쪽 주머니에서 굵은 만년필을 꺼낸다. 만년필 굵기만큼이나 굵직굵직한 글씨로 문제 상황을 다이어리에 쓴다.

그의 눈길은 펜촉에 꽂혀 있고, 그의 귀는 펜촉이 종이를 긁어대는 소리에 맞춰져 있다. 잠시 후 그가 만년필을 재킷 안쪽 주머니에 넣을 때쯤이면 그의 얼굴은 한결 편하다. 그가 만년필을 꺼낸다는 것은 문제를 해결하겠다는 일종의 신호탄이다.

고수들은 잘 길들인 연장을 갖는다. 당신도 손에 익은 잘 길들인 필기도구를 갖고 있으면 메모하는 데 훨씬 효과적일 것이다.

나의 머릿속 정리도구 역시 아날로그다. 낱장씩 떨어지는 종이 메모지에 잘 길들인 연필로 메모한다. 쓰면서 메모하기 좋은 펜을 찾기 위해 참 많은 시도를 했다. 그 결과 내게 가장 잘 맞는 연장은 펜이 아니라 연필임을 알게 됐다. 연필심이 종이에 닿아 사각대는 소리가 좋다. 흑심에 마음을 모으고 이 소리를 들어가며 메모하다 보면 그 외엔 아무 생각도 들지 않는다.

명상이 따로 없다. 파버카스텔, 스테들러 같은 유명 브랜드 연필을 섭렵했다. 지금은 팔로미노 2B 연필을 애용한다. 심이 굵고 진한 연필로 메모하기를 즐기는 나는 연필은 물론 심지어 샤프펜슬마저도 1.3mm짜리를 사용한다. 굵은 심이 만들어내는 진한 글씨가 머릿속에 더 잘 남는다.

펜을 찾아 들 때는 연필로 해놓은 메모에 중요함을 표시하거나 강조할 필요가 있어서다. 이럴 때 파란색의 노크 식 샤피펜을 쓴다. 연필로 메모한 위에 굵고 푸른색의 샤피펜이 지나가면 사진을 찍듯 그 부분이 기억에 남는다.

굵은 글씨와 파란색으로 강조하는 이 습관은 가까이 지내는 디자이너들의 메모와 스케치 습성에서 보고 배운 것이다.

　모든 면에서 디지털화가 가속되고 필기도구 시장에도 디지털화의 물결은 드세지만 필기용품 시장의 규모가 줄어들지는 않는다고 한다. 손맛과 눈맛과 귀맛을 동시에 충족시켜주는 펜과 종이라는 아날로그 도구는 의외로 힘이 세다.

　당신도 머릿속 정리라는 의미 있는 작업을 위해 당신만의 연장을 구입하여 길들여보면 좋겠다. 누군가의 연장은 스마트폰으로 관리하는 에버노트 어플일 수 있다. 중요한 것은 당신의 손에 잘 길들인 연장을 갖는 것이다.

14

생각고수들이 몰래 쓰는
머릿속 다이어트 비밀 병기

머릿속의 것도 눈에 보이지 않으면 정리하기 힘들다

그는 회사의 문제 상황을 해결하는 브레인스토밍을 위해 해마다 '최우수 직원 100명'과 함께 워크숍을 떠났다.

마지막 날이면 그는 화이트보드 앞에 서서 질문을 던졌다. 그는 화이트보드를 무척 좋아했다. 화이트보드를 사용하면 상황을 완벽하게 통제하고 사람들을 집중시킬 수 있어서라고 했다.

"지금부터 우리가 해야 할 10가지 일은 무엇일까?"

그가 이렇게 질문을 던지면 참석자들은 아이디어를 이야기했다.

그는 직원들이 이야기하는 것을 일일이 적은 다음 필요하지 않다고 여겨지는 것을 하나씩 지웠다. 막판에 10개의 항목이 마련되면 그는 가장 순위가 높은 3개의 항목만 남기고 나머지는 다 지웠다. 그리고 말했다.

"우리가 할 수 있는 건 딱 3개뿐이다."

그는 스티브 잡스다.[22]

눈에서 벗어나면 멀어지는 건 사랑뿐이 아니다. 머릿속의 것도 눈에 보이지 않으면 정리하기 힘들다. 지속적으로 생각해야하는 경우, 복잡한 요소들이 얽혀 있을 경우, 항목들을 연결지어 생각해야 할 경우…….

이럴 때는 자료들을 한눈에 보이게 늘어놓고 줌인, 줌아웃을 해가며 자료를 살펴야 해결방안이 찾아진다. TV나 영화에서 형사나 검사, 프로파일러들이 화이트보드 앞에서 끙끙대는 것이 바로 이 작업이다.

시작 전에 반드시 화이트보드 상태를 점검하라!

'스프린트'는 구글 수석 디자이너 제이크 냅이 정리한 구글의 핵심 프로그램을 개발한 기획실행 프로세스다. 스프린트를 실행할 때 제일 중시하는 원칙이 있다.

"시작 전에 반드시 화이트보드 상태를 점검하라!"

이를테면 화이트보드는 구글에서 가장 중요시하는 창의적 도구다. 다음은 제이크 냅의 말이다.

---

22 〈하버드비즈니스리뷰(HBR)〉 2012년 4월호에 실린 아스펜연구소 CEO 월터 아이작슨의 글이다. 〈하버드비즈니스리뷰 코리아〉를 통해 읽었다.

"인간은 단기기억력은 그리 뛰어나지 않지만, 공간기억력은 높아 기록, 도표, 인쇄물 등으로 잔뜩 도배된 화이트보드와 마주하면 뇌가 외부로 확장되어 더욱 창의적으로 사고할 수 있다."

그는 시간과 집중력을 최대한 활용하기 위해 화이트보드를 이용하는데, 창의적 작업이 어떤 공간에서 행하든 상관없지만 무슨 일이 있어도 반드시 화이트보드는 필요하다고 역설한다.

현대카드사의 혁신 작업도 화이트보드를 중심으로 이루어진다. 창의적인 사고가 생명인 기업들에겐 화이트보드에 명줄을 건다.

앞서도 언급했지만, 세계적인 디자인회사 아이데오의 사무실 화장실에도 바닥부터 천장까지 닿는 칠판이 설치되어 있다.

화이트보드는 눈으로 보면서 손으로 생각을 끌어간다. 문제를 이해하는 데 필요한 정보를 머릿속에 담아두는 대신 눈앞에 펼쳐두고 머릿속에서는 이를 활용한 중요한 생각 작업을 할 수 있다.

화이트보드는 작업공간을 구획지어 주는 효과도 있다. 공간이 정리되면 머릿속이 교란될 여지도 줄어드니까.

책을 쓰기 시작하는 예비저자에게 '화이트보드부터 장만하세요' 하고 권하는 것도 이러한 맥락에서다. 나 역시 머릿속이 엉켜 있을 때는 화이트보드 앞에 서서 떠오르는 대로 생각을 쏟아내며 머릿속을 정리한다.

15

정보는 고등어,
너무 오래 잡아두지 말 것

새것을 담으려면 버려라

2016년 11월, 정선 아우라지에서 새로이 발견된 청동기 시대 유물은 국내에서 가장 오래된 것으로 기원전 13~12세기의 것이라고 한다. 이제 나는 내 기억에서 우리나라 청동기 유물에 대한 지식을 갈아 끼워야 한다. 이렇듯 기존의 지식이 틀린 것으로 확인되기까지 역사학은 7.13년, 심리학은 7.15년, 종교학은 8.76년, 수학은 9.17년, 경제학은 9.38년이 걸린다고 한다.

사실이 아니다, 틀렸다 하며 걸핏하면 결론이 뒤집히는 지식들 덕분에 끊임없이 공부해야 한다. 새로운 것이 머릿속에 자리 잡으려면 그 공간이 마련되어 있어야 한다. 해묵은 지식이 아귀가 맞게 꽉 들어찬 머릿속에는 새로운 지식이 자리할 여지가 없다. 이는 지식을 기반으로 한 창의적 생산성을 가로막는 최악의 적이다.

이사는 책을 정리하는 데 더없이 좋은 기회다. 책을 이고 지고 사느라 혼쭐이 난 나는 최근 이사하면서 큰 원칙을 하나 마련했다. 책은 300권만 소장하기.

원칙을 지키기 위해 300권만 골라 보관하고 나머지는 싹 없앴다. 내가 사 본 책들은 트렌드에 민감한 것들이다. 책이 나온 순간 이미 틀린 것이 되었을지도 모를 내용을 싸안고 있어봤자 헛일임을 알아서다. 책을 쌓아두면 읽었다, 안다는 착각이 들어 오히려 두 번 다시 들여다보지도 않는다는 것을 잘 알아서다. 책장도 아예 300권만 꽂을 수 있는 크기로 제한했다. 먼저 들어온 것을 먼저 사용한다는 정리의 기준인 '선입선출'에 따라 한 권의 책을 사다 꽂으면 기존의 것 중 한 권을 내다버리기로 작정했다. 정보가 넘치면 이해는 얇아지는 법이므로.

잡은 생선은 손질해두어야 상하지 않는다

메모 속에 잡아둔 생각의 단편이나 정보도 바로바로 정리해두어야 한다. 정보는 고등어처럼 금세 상하기 때문이다. 메모할 당시에는 그야말로 '핫'한 것이었을지 모르나 시간이 흘러 저장해둔 정보의 의미가 없어졌거나 정보 자체의 가치가 사라진 경우, 이미 상한 고등어다. 버리자.

머릿속이 항상 혹은 수시로 엉망진창이 되는 건 머릿속에서 생각과 정보와 감정과 주의가 제 맘대로 일어나도록 방치하기 때문이다.

이럴 때 메모 쓰기를 통한 머릿속 정리가 필요하다.

그러나 강박적으로 수집한 생각의 조각들을 메모지에 잡아놓고 쌓아두기만 하면 머릿속은 이를 처리해야 한다는 부담에 이중으로 시달린다. 머릿속을 정리하자고 시작한 일이 머릿속을 더욱 복잡하게 만드는 셈이다. 특히 종이 메모는 잽싸게 간단히 메모할 수 있는 한편 오래 모아두면 짐이 되다가 쓰레기로 변질되는 만큼 반드시 주기적으로 정리를 해야 한다. 디지털 메모 또한 검색에 용이하나 눈에 보이지 않아 활용이 어려울 수 있으니 또한 PC나 스마트폰 안에 묵혀두지 말고 처리해야 한다.

머릿속을 늘 가지런히 정리하는 고수들은 메모 자체보다 메모를 처리하는 데 더 애를 쓴다. 수집한 생각의 조각들은 처리과정에서 더 잘 기억되기 마련이어서 언젠가 요긴하게 찾아 쓰려면 반드시 처리과정을 거쳐야 한다. 불필요한 정보를 과감히 버려 집중력을 높이는 것이 머릿속 정리의 핵심이므로.

4D 처리하거나 버리거나 넘기거나 보관하기

성공한 최고경영자들이 정보를 분류하는 비법인 TRAF(버전타파) 방식[23]은 채집한 메모를 정리하는 데도 그만이다. 나는 이 방식을

---

23 스테파니 윈스턴이 자신의 책 《성공하는 CEO들의 일하는 방법》(김경섭 옮김, 쓰리메카닷컴)에서 소개한 방식이다.

본떠 메모를 처리하는 방식 4D를 만들어 주위에 권한다.

4D 방식이란 쓸 만한 자료는 당장 써먹고(Deal with it), 불필요한 정보는 버리고(Delete), 소장가치가 있는 정보는 파일에 보관하고(keep Data), 누군가에게 도움이 되는 정보는 그에게 넘기는(Delegate) 것을 말한다.

메모를 처리하는 방식 4D

Deal with it _ 쓸 만한 자료는 당장 써먹는다.

Delete _ 불필요한 한 정보는 버린다.

Keep Data _ 소장가치가 있는 정보는 파일에 보관한다.

Delegate _ 누군가에게 도움 되는 정보는 넘긴다.

세계 20개국, 500개 이상의 매장을 둔 일본의 무인양품. 본사에서나 매장에서나 이 회사 구성원은 모든 업무를 눈에 보이게 처리한다. 본사의 직원은 무지그램의 3배인 6,000페이지 분량의 '업무 기준서'를 숙지하며, 영업장에서는 2,000페이지에 달하는 업무 매뉴얼 '무지그램'을 따른다. 이들은 업무기준서나 업무 매뉴얼에 없는 '업무'는 하지 않는다.

글로벌 기업의 CEO나 크리에이티브로 유명한 이들이 탁월한 성과를 거두는 방식도 이와 같다. 머릿속에 끌어안고 끙끙대지 않는다. 종이 위에 모두 쏟아내 나열하고는 하나씩 처리한다. 그들은 머리 밖에서 작업한다.

머리 밖에서 작업하라

연필은 머릿속의 닫힌 문을 열어준다.

— 가이 필드

● 01

그토록 바쁜 그들은
어떻게 그 모든 일을 해낼까?

목표를 정하고 우선순위를 매겨라

하버드 경영대학원 교수, 투자회사 이사회 의장, 매사추세츠 주정부의 경제보좌관, 미국 증권거래위원회의 법무자문 부위원, 변호사, 6권의 저서를 펴낸 작가, 수백 편의 칼럼을 쓴 칼럼니스트, 결혼생활 40년차의 가장.

로버트 포즌 교수의 프로필이다.

이쯤 되는 프로필이라면 세계에서 가장 바쁜 사람 중의 1인이라 간주해도 될 터이다. 그런데도 그는 결코 심하게 바빴던 적이 없다고 말한다. 많은 이들이 비결이 뭐냐고 다투어 묻지만 그가 들려주는 답은 고작 이것이다.

"목표를 정하고 우선순위를 매겨라!"

생산성은 개인이든 조직이든 성과를 결정짓는 가장 중요한 요인이다. 그러나 생산성을 높인다며 손에 들인 스마트폰으로 인해 지금 우리의 생산성은 바닥이다.

스마트폰은 생산성을 좀먹는 1순위다. 온라인에서든 현실세계에서든 눈 돌리기 무섭게 자극이 넘쳐나고 이러한 자극들과 싸워내는 것만으로도 우리의 의지력은 진작에 고갈되었다. 그러는 사이 해결되지 못한 과제들은 여태 해결되지 못한 묵은 과제들 위로 첩첩이 쌓이고 머릿속은 과부하로 멈춰서기 직전이다. 이런 머릿속에 창의적인 생각을 품을 만한 공간이 남아 있을까?

머릿속에 수없이 열어놓은 창을 하나하나 닫아야 한다

첫사랑의 유효기간이 그토록 긴 까닭은 끝을 보지 못했기 때문이다. 끝내지 못한 일은 마음에 남아 두고두고 신경을 거스른다. 주의와 의지를 갉아먹는다. 스마트폰으로 인터넷을 하느라 열었던 창들을 닫지 않고 그냥 두면 스마트폰은 제 속도를 내지 못한다. 신경을 거스른다는 것은 이와 같다. '미완성 효과' 혹은 '자이가르닉 효과'라 불리는 심리현상이다.

생산성을 끌어올리기 위해서는 머릿속에 수없이 열어놓은 창을 하나하나 닫아야 한다. 그러려면 해야 할 일이 무엇인지 파악하는 게 우선이다. 그런 다음 로버트 포즌 교수의 조언대로 목표를 정하고 우선순위를 매겨야 한다.

02

구글 CEO가 복잡한 머릿속을
단숨에 정리하는 방법

그냥 나열하기

영향력 지대한 글로벌 기업의 경영진들은 처리해야 할 업무가 무진장 많을 것이다. 하나하나 중요한 것들이라 우선순위를 매기기도 쉽지 않을 것이다(중요하지 않은 일에 자원을 투입하는 기업은 없을 테니). 그렇다면 구글은 어떤 방식으로 그 많은 의사결정을 할까. 어떻게 우선순위를 정할까?

"머릿속에 담고 있는 할 일 100가지를 죽 적기만 해도 무슨 일을 먼저 해야 할지 성공적으로 결정할 수 있다."

이 회사의 CEO인 래리 페이지가 테드TED 강연에서 밝힌 비결이다. 자신과 자기 팀이 100가지 프로젝트에 우선순위를 매기는 유일한 방법은 그것들을 모두 죽 적어 배열하는 것뿐이라고 한다.

'그냥 나열하기'라는 래리 페이지의 방식에 대해 생산성 전문가인 데이비드 앨런이 의견을 보탠다. 아무리 일이 많아도 모두 쏟아낸 다음 하나씩 처리해가면 별것 아니라고 말한다.

"나에게 중요하고 또 내가 해야 하는 구체적인 일들을 정리하여 항상 생각(머리) 밖에다 정리해두려고 합니다. 그리고 그 정리된 리스트를 매주 돌아보며 확인하고 해내고 또 새롭게 리스트업합니다."[24]

해야 할 일을 늘어놓는 것으로 OK

기막히게 좋은 생각을 만들어내야 할 머릿속 공장이 해야 할 일, 하고 싶은 일, 하지 않으면 안 되는 일 처리에 관한, 그러니까 미해결 과제에 대한 고민과 걱정과 불안으로 가득 차 있다면 그 공장은 원래의 일을 제대로 수행하기 어렵다. 해결하지 못한 일들을 처리하는 것만으로도 머릿속 기능과 성능은 크게 개선된다.

구체적인 방법으로는 래리 페이지가 알려준 대로 머릿속에 담긴 미해결 과제들을 죽 늘어놓자. 그런 다음 로버트 포즌 교수의 조언대로 목표를 정하고 우선순위를 매겨 처리하자. 목표나 주제에 집중하며 관련한 생각을 빠짐없이 쏟아내고 분류하고 정리하여 처리하는 작업인 목록 만들기(리스팅)를 소개한다.

---

24 데이비드 앨런의 책 《쏟아지는 일 완벽하게 해내는 법》(김경섭·김선준 옮김)을 출판한 김영사 블로그에서 읽은 내용이다.

이번에도 시작은 머리 밖으로 *끄집어내기*다. 해야 할 그 많은 일들을 머릿속에 품은 채로 해결하기란 불가능하다. 머릿속에서는 더 중요한 일을 해야 하기 때문이다. 머릿속의 것을 *끄집어내* 종이 위에 잡아두면 머릿속 구석에 밀쳐져 있던 생각공장이 가동될 여지가 생긴다.

1. 머릿속의 것을 끄집어낸다

머릿속에 품고 있는 미해결 과제를 일일이 모두 *끄집어내* 늘어놓는다. 3분에서 5분 정도 해결해야 할 과제와 관련하여 머릿속에 떠오르는 모든 것을 적는다. 분석도 평가도 하지 않고 단지 적기만 한다. 꼭 실행해야 한다는 책임감도 이 단계에서는 필요 없다.

2. 점검하고 분류한다

끄집어낸 것을 한눈에 보면 전체상이 파악된다. 적은 것들을 하나씩 점검하며 분류한다. 이때의 기준은 '목표.' 목표를 달성하는 데 필요한 일인가 아닌가를 기준으로 점검하고 분류한다.

3. 과제를 잘게 쪼갠다

덩어리 과제를 잘게 쪼갠다. 예를 들어 '책 읽고 리뷰쓰기'라는 과제는 덩어리다. 이것을 잘게 쪼개보자.

- 책을 산다.

- 매일 30쪽씩 읽는다.

- 읽으며 중요한 내용에 밑줄을 친다.

- 밑줄 친 내용을 중심으로 리뷰를 쓴다.

뇌는 지독한 구두쇠라 힘들어 보이는 일은 아예 시작조차 하려 들지 않는다. 과제를 세분화하면 뇌는 이를 대수롭지 않게 여겨 저항하지 않는다.

4. 리스트를 만든다

잘게 쪼갠 과제를 종이에 적는다. 종이에 적으면 과제를 잊지 않으려 애쓰거나 잊을까 걱정하는 데 들이는 에너지를 절감할 수 있다.

5. 처리한다

기록한 내용을 하나씩 살피며 우선순위를 정하고 우선순위대로 하나씩 처리한다. 처리한 과제에는 굵게 ×표시를 하면 뇌가 '종결' 도장을 찍고 잊어버린다.

03

투두 리스트는 왜 실패율이 높을까?

: 반드시 성공하는 투두 리스트의 비결

투두 리스트의 실패 요인

'아이던디스'는 투두 리스트 작성 서비스를 제공하는 애플리케이션이다.

개발사에서 연구한 자료에 따르면 전문직 3명 중 약 2명이 투두 리스트를 작성하고 있지만, 실제로 그날 한 일은 41%에 지나지 않는다고 한다. 기업인이자 작가인 케빈 크루스가 7명의 억만장자와 13명의 올림픽 선수, 239명의 기업인 등 여러 성공한 사람들을 인터뷰하면서 알게 된 것은 성공요인으로 투두 리스트를 꼽는 이가 거의 없었다고 한다. 그렇다면 투두 리스트를 만들면 덜 바쁘고 더 많이 이룰 수 있다고 하는 주장은 틀린 걸까?

케빈 크루스가 이야기하려는 핵심은 중요한 것과 의미 없는 것을 구분하지 않은 투두 리스트의 위험에 관해서다.

해야 할 수많은 것들을 투두 리스트에 올려놓고 이것들을 해나가는 동안 정작 중요하고 의미 있는 일에 투입할 시간과 에너지가 소진될 수 있다는 것을 경고한다.

머릿속 정리를 위해 투두 리스트를 만들 때 주의할 게 있다. 목록 맨 위에 가장 중요한 일부터 적어야 한다. 눈에 잘 띄는 일이나 가장 하기 쉬운 것부터 목록을 적어가는 것이 일반적이나 이럴 경우 정작 중요한 일에 배분할 주의력이 남아 있지 않기 때문이다.

매일 3분이면 되는 '진짜' 투두 리스트

세계적인 베스트셀러《습관의 힘》을 쓴 찰스 두히그는 이후 각 분야 최고들은 어째서 최고의 생산성을 발휘하는지 연구에 착수했다. 그가 파악한, 무슨 일이든 더 스마트하게, 빠르게, 완벽하게 해내기 위해 필요한 것들 중에는 3분이면 되는 투두 리스트 작성하기가 있다. 해야 할 일의 목록을 정성들여 손으로 쓰면 목록 효과가 극대화된다고 말하면서 보다 세부적인 안내를 곁들인다.

3분이면 되는 투두 리스트

1. 가장 중요한 일을 맨 위에 적는다.
2. 그 일을 위해 무엇을 해야 하는지 세부적으로 적는다.
3. 목표는 SMART하게 적는다.

실제로 그는 새 책을 집필하며 이 방식대로 일을 진행했고, 머릿속이 과부하로 엉망이 되는 일 없이 순조롭게 작업했다고 고백했다. 그는 3분이면 되는 해야 할 일의 목록을 만드는 작업은 다음 날 바로 쉽게 일을 시작하게 만들어 일을 미루게 되는 핑계가 없어 좋다고 강조한다. 그 또한 리스트 작업은 무슨 일을 해야 하는지 생각하느라 시간을 낭비할 필요가 없다고 목록 만들기의 장점을 강조한다.

SMART 원칙

Specific _ 구체적이고
Measurable _ 측정 가능하며
Attainable _ 달성 가능한 수준의
Realistic _ 현실적인 목표를
Time based _ 시간 제한을 두고 설정해야 한다.

"일을 잘 끝내면 페이스북이나 커피가 생각나지 않습니다. 해야 할 일의 목록을 적다 보면 더 크고 중요한 일이 무엇인지 먼저 생각하게 되는데 이것이 진짜 큰일을 하게 되는 첫걸음입니다."

하루에 딱 3가지만 해내기

경제 칼럼니스트 톰 하포퍼드는 자석으로 만든 카드에 하루 정도 투자하면 끝낼 수 있는 분량의 일을 중심으로 하나씩 프로젝트화하여 적는다.

우선 자석 카드를 사무실 벽 칠판에 붙여놓고, 매일 아침 자석 카드를 살피며 그 가운데 3가지를 골라 우선 해결한다. 나머지 과제들도 잊어버릴 염려 없이 칠판에 보관해두었기 때문에 언젠가는 우선순위에 들어 해결 가능하다고, 그는 이 방법을 권유한다.

내일 할 일 3가지 리스트

아메리칸익스프레스의 CEO 케네스 체놀트는 다음 날 반드시 달성해야 할 목표 3가지 리스트를 작성한 뒤 잠자리에 든다. 그리고 다음 날 아침, 곧바로 실행에 옮긴다.

이렇게 잠들기 전에 '내일 할 일 3가지' 리스트를 작성해 두면, 다음 날 하루 일정을 계획하는 시간과 노력을 줄이고 보다 중요한 일에 에너지를 집중할 수 있다.

언젠가 리스트

해야 할 일이지만 지금 당장은 아닌, 그렇다고 잊어버려서도 안 되는 일들은 '언젠가 리스트'로 만들어 보관해둔다. 하고 있는 일의 집중도를 떨어뜨리지 않으면서 해야 할 일을 잊어버리지 않으려 애쓰지도 않을 수 있는 간단한 방법이다.

04

머릿속이 좋아하는 종이 한 장,
체크리스트

두뇌는 체크리스트를 좋아한다

무인항공기 드론을 즐기는 이들이 늘자 관련당국에서는 안내집을 발간하여 홍보에 나섰다. 이 안내집에는 조종사가 드론 비행에 앞서 숙지해야 하는 항공법규 등과 함께 체크리스트가 실렸다. 드론도 항공기이니만큼 이를 무선으로 조종하는 이도 조종사다! 그러니 그에게도 체크리스트는 필수인 셈이다.

항공기 조종사는 기내에서 일어나는 크고 작은 업무를 체크리스트에 따라 실행한다. 조종사의 체크리스트는 조종사의 주의력을 온전히 조종에만 투입하도록 만든 조치다. 체크리스트에 따라 행동하면 무엇을 해야 하나 말아야 하나, 하는 것으로 주의력을 낭비하지 않아도 되기 때문이다.

우리 두뇌는 체크리스트를 좋아한다. 주의력을 낭비하지 않으면서 일이 되어가는 모습을 눈으로 확인할 수 있기 때문이다.

머릿속이 좋아하는 체크리스트 만드는 법

외과의사이자 작가인 가완비 박사는 "기본적이면서 놓치기 쉬운 것들을 확인하지 못하고 지나치는 부주의가 돌이킬 수 없는 막중한 결과를 가져올 수 있다."며 이에 대한 최고의 대책은 체크리스트를 만들어 일일이 체크하는 것이라고 알려준다.

외과의사, 조종사와 같이 수많은 시간을 바쳐 실습한 노련한 전문가의 안전장치도 다름 아닌 종이 한 장으로 된 체크리스트다.

체크리스트는 그동안 너무 당연하고 보잘것없어 경시되어 왔지만 불확실하고 복잡하고 변덕스럽고 까탈스러운 많은 일들로 머릿속이 멈춰서기 직전인 현대인들에게 쉽고 빠르고 근사한 해결책이 되어준다.

머릿속을 단순하고 명료하게 정리하고 정비해주는 체크리스트를 만드는 방법을 알아보자.

체크리스트 만드는 방법

1. 절차상 반드시 필요한, 의사 결정의 기준이 되는 항목을 나열한다. 해결하려는 문제에 직접적으로 관련되어야 하며 구체적이어야 한다.
2. 절차에 있어 가장 중요하고 필수적인 단계를 일깨워주는 요소

가 반드시 포함되어야 한다. 특히 아차 하다 잊어버리거나 놓칠 수 있는 항목이 전부 포함되어야 한다.

3. 한 장의 종이에 일람표로 만든다.

4. 항목을 하나의 미션으로 간주, 하나씩 체크하며 미션을 해결한다.

한 번에 하나씩 미션 클리어

혼자서 일하는 나는 일을 의뢰받으면 '하고 싶은가'를 기준으로 가부를 결정한다. 그러다 보면 마감이 겹치거나 몇 주 내내 하루 걸러 한 번씩 강의를 해야 하는 등 일정에 과부하가 걸릴 때가 종종 있다.

같은 주제의 강연도 청중에 따라 매번 내용을 바꿔야 직성이 풀리는 성격 탓에 매일 다른 강연에 매일 다른 자료를 만드는 일은 꽤 힘겹다. 여기에 늘 해오던 일이며……. 그러다 어느 한순간 해낼 수 있을까, 하는 두려움이 엄습한다.

두려움은 무엇을 해야 하는지 정확히 알지 못할 때 생기는 법이다. 그러면 다이어리를 꺼내 해야 할 일과 일정 점검을 시작한다.

우선은 머릿속에 있는 것을 모두 쏟아낸다. 여기까지만 해도 두려움은 스멀스멀 사라진다. 쏟아낸 정보를 검토하고 분석하여 리스트를 만든다. 리스트를 바탕으로 체크포인트를 찾아내 스케줄러에 적어 넣는다.

이때 진행일을 기준으로 역산하여 준비하는 날, 준비 끝내는 날, 해당일, 이렇게 각각 표시하는 게 중요하다. 그런 다음 하루하루 그날치의 미션 해결에만 몰두한다. 해치운 미션은 ×표시로 정리한다.

이런 식으로 빡빡한 일정을 과제를 수행하다 보면 지치기는커녕, 일을 잘 처리했다는 생각에 에너지가 더욱 넘쳐난다.

05

머릿속 차고 넘치는 정보를 비워내는 핵심기술

: 매핑하라

부자들은 머릿속에 숙제를 남겨놓지 않는다

'백만장자는 도대체 무슨 생각을 하며 어떤 인생을 살까?'

일본의 재테크 전문가 혼다 켄은 이 궁금증을 풀기 위해 일본의 고액 납세자 1만 2,000명을 대상으로 설문조사를 벌였다.

1년 동안 수입이 3억 원을 넘는 이들에게 설문지를 보내고 응답해 온 1,000여 명의 백만장자들에게 집중적으로 질문하는 방식이었다.

이 과정에서 혼다 켄이 가장 놀란 것은 부자일수록 답장 메일을 빨리 보낸다는 것이었다. 부자일수록 답변이 빠르다는 것은 부자일수록 머릿속에 숙제를 남겨놓지 않는다는 사실의 반증이다. 그들은 보다 중요한 생각, 돈이 되는 생각에 머릿속 주의력을 할애해야 하기 때문이다. 이런 이유로 그들은 수시로 머릿속에 엉겨 붙는 쓸데없는 것들을 비워내며 머릿속을 정리한다.

백만장자가 아니기 때문에 우리들의 머릿속은 더욱 정리가 필요하다. 부자들처럼 매순간 머릿속을 비워내지는 못하더라도 적어도 하루에 한 번 정도, 머릿속의 것들을 처리하거나 비우거나 다른 곳에 보관하거나 하는 매핑의 시간이 반드시 필요하다.

머리 밖에서 입수한 정보자료를 매핑하는 이유

머릿속 생각공장이 가동하려면 연료와 함께 적절한 재료가 필요하다. 유능한 생각공장 공장장은 자재창고를 머리 밖에 따로 두고 좋은 자재를 양껏 모은다. 자재창고란 머릿속의 것을 끄집어내 생각의 단편이나 정보 등을 따로 붙잡아두는 공간으로 다이어리나 메모북, 에버노트 등을 일컫는다. 여기까지는 많은 이들이 흉내낸다. 차이는 모은 자재를 어떻게 정리하는가에서 벌어진다.

박원순 서울시장은 메모가 일상이다. 메모해둔 것들은 반드시 정리과정을 거쳐 파일로 남긴다. 손수 메모하고 손수 정리하여 손수 파일로 남기며 할 일을 솎아낸다. 이 작은 습관이 시간이 지나면 큰 차이를 낳는다고 그는 말한다.

탁월한 생각공장 공장장들인 소설가도 같은 주장을 한다. 소설가 김중혁 님의 경우다.

"내 글공장에서 가장 중요한 작업장은 매일 산더미처럼 밀려들어오는 재료들을 사용하기 좋게 절단하고 분류하는 일을 하는 '글감분류실'이다. 가벼운 감상부터 스치듯 지나가는 생각들, 심오한 철학적 주제들, TV에서 얻은 정보, 누군가에게 주워들은 이야기 등 수많은 글감들을 매일 분류하고 절단하고 병합한다."

매핑이란 메모로 수집한 자료를 뜯어보고 선별하여 있어야 할 곳에 배치하는 작업이다. 정보를 다듬고 분류하여 활용하거나 필요할 때를 대비하여 저장하는 것을 말한다.

모아들인 정보를 내 머릿속에서 돌아가는 중인 생각, 문서로 작성 중이거나 계획을 세우는 중인 생각의 틈바구니에다 끼워 넣거나 응용하여 오롯이 내 것으로 만들어내는 것을 말한다. 그러니까 정보의 정산작업이다.

머리 밖에서 모아들인 정보자료는 남의 머릿속에서 나온 것이다. 이것을 그냥 받아들이면 내 머릿속이 남의 흔적으로 도배되는 것이나 다름없다. 남의 것으로 머릿속이 가득 차면 내 것을 만들어낼 여력이 없어진다. 밖에서 입수한 정보자료를 매핑하는 이유가 이것이다.

메모의 끝은 매핑

일본의 디자이너인 다나카 다츠야는 매일매일 자신의 SNS에 그날치의 미니어처 달력을 만들어 올린다. 브로콜리와 파슬리를 숲으로, 맥주잔에서 넘치는 거품을 거대한 폭포로 형상화한 달력이다.

놀라운 것은 이 작업을 5년씩이나 매일 했다는 것. 5년 이상 하루도 빠짐없이 창의적인 작품을 생산할 수 있었던 비결에 대해 묻자 그는 간단하게 '메모와 수집' 덕분이라고 답한다.

그는 사소한 아이디어라도 머릿속에 스치면 노트에 쓰는데 그때그때 지금 바로 작품이 될 만한 것, 작품이 되는 데 필요한 물건, 아이디어 힌트 등으로 나누어 보관하는 것이 메모에서 가장 중요한 작업이라고 강조한다.

우리는 뭔가 흥미를 끄는 게 있으면 일단 클릭하는 스마트폰의 노예다. 하지만 산만한 환경에서 손가락으로 정보를 훑다가 얻어들은 것은 내 것이 되기 어렵다. 클릭하거나 읽거나 보관할 때는 새로 많은 것을 알게 된 것 같아도 기존의 정보와 연결되지 못하면 곧 사라지고 만다. 나중에 우연히 다시 봤을 때는 왜 보관을 했는지조차 기억에 없기 쉽다. 새로운 것을 마구잡이로 '폭풍 흡입'하는 데만 치중하기보다는, 받아들인 것을 기존의 지식에 연결하는 과정이 반드시 필요하다.

나는 매일의 일과를 전날 수확한 메모나 자료들을 정리하는 것으로 시작한다. 일하고 생활하며 책이든 신문이든 드라마든 영화든 읽고 보는 동안 많은 자극이 일어나고 자극으로 활성화된 머릿속은 또 많은 생각들을 쏟아낸다.

나는 그때그때 메모지에 또 자료의 여백에 생각을 적어둔다. 내가 하는 이 작업의 핵심은 메모마다 자료마다 제자리를 찾아주는 것이다. 나는 이러한 작업을 '매핑하기'라고 부른다.

메모한 것과 자료로 손에 들어온 것들을 하나하나 살펴 블로그에

글감으로 쓰거나 데이터베이스를 구축한 인터넷 카페에 옮겨놓거나 PC에 저장한 관련 주제의 파일에 보관하기도 한다. 기존 자료나 생각에 보태기도 하고 새로운 아이디어의 단서다 싶으면 새 파일을 열어 넣어둔다. 정리와 제자리 찾기를 마친 메모지와 자료는 그 자리에서 폐기한다. 그러면 나의 뇌는 '이제 정리했으니 잊어도 돼!'라는 사인으로 인식한다.

내가 매일 새벽 가장 맑은 정신일 때 이 작업을 하는 것은 그래야 머릿속이 말끔히 비워져 생각하거나 쓰거나 하는 중요한 작업을 할 때 방해받는 일이 없어서다.

나도 손에서 스마트폰을 떼어놓기 힘들다. 늘 검색하고 접속해 있어서 머릿속이 정보 과잉으로 종종 과부하 상태를 겪기도 한다. 하지만 매일 아침 이렇게 머릿속을 비워내는 덕분에 머릿속 생각공장이 멈춰서거나 심하게 오작동하여 낭패를 겪는 일은 드물다.

06

외장하드를 연결하라
: 생각의 빅뱅을 부르는 머리 밖 지원군

하루키의 머릿속 서랍

"제 머릿속에는 1,000개의 서랍이 있습니다. 여행 다닐 때마다 서랍 안을 채우고, 필요할 때면 언제든지 하나씩 혹은 서너 개씩 열어 다음 작업을 준비합니다."

일본 작가 무라카미 하루키는 소설가란 매직을 만들어내는 사람이며, 그 매직은 머릿속 서랍에 보관해둔 갖은 재료가 만들어낸다고 생각한다.[25]

매직을 구사하려면 머릿속에 무엇이든 얼마든지 만들어낼 수 있는 잡동사니의 재고가 많아야 한다. 아무것도 없는 곳에서 실체를 만들어낼 수는 없으므로. 그러므로 '소설가란 재료를 수집하는 게

---

25 《직업으로서의 소설가》, 무라카미 하루키 지음, 양윤옥 옮김, 현대문학.

일인 사람'이라는 것이 그의 생각이다.

정보는 아이디어의 씨앗이다. 아이디어의 씨앗은 찾고자 하는 사람 누구에게나 공평하게 주어진다. 중요한 것은 확보한 정보를 어떻게 파악하고 선별하고 편집하는가 하는 소화 능력이다. 이 능력에 따라 씨앗은 메타세콰이어처럼 장대한 나무로 자라기도 하고, 채송화처럼 난쟁이에 그치기도 한다.

새로운 정보나 지식을 소화하여 자신의 것으로 만드는 데는 플랫폼이 필요하다. 머릿속이 원래의 기능을 다하게 하려면 잡동사니로 가득채운 플랫폼을 머리 밖에 설치하자. 머릿속 생각공장에서 일어나는 정신활동을 머리 밖에서 지원하도록 하자.

창의가 폭발하는 생각의 용광로를 가져라

아이폰에서 페이스북까지 지금 우리의 인식과 삶을 지배하는 창조와 혁신은 전혀 관련이 없던 생각이나 아이디어들이 뜻밖의 연결고리로 맺어진 결과다.

자기 분야에서 창의적이라는 평가를 받으며 잘나가는 이들이 계속 창의적일 수 있는 것은 이러한 신비를 자주 경험하기 때문이다. 그들은 안다. 이러한 신비는 자료와 경험과 감정과 주의를 한데 쏟아부은 생각의 용광로에서 일어난다는 것을.

또 그들은 빅뱅을 부르는 아이디어를 만들어낼 만한 생각의 용광로는 머릿속에 가능한 손바닥만 한 크기로는 어림없다는 것을 잘 안다. 한없이 재료를 쏟아부을 수 있을 만큼 얼마든지 큰, 보는 것만으로도 아찔한 포항제철의 것만 한 용광로가 필요한데, 이는 머리 밖에 둘 수밖에 없다. 창의적인 그들은 머릿속의 빅뱅을 부르는 머리 밖 외장하드를 둔다. 생각의 용광로를 갖는 일은 생각보다 간단하다.

1. 모은다

철을 만들어내기 제일 먼저 하는 일은 용광로에 제철 원료를 넣어 녹여내는 것이다. 번쩍하는 아이디어를 건져 올리려면 생각의 용광로에도 갖은 재료를 집어넣는 게 순서다. 메모로, 스마트폰 어플로, 이메일로 모아들인 흩어져 있는 정보를 모아모아 파일에 쟁여 원재료를 만든다.

2. 다양한 것을 모은다

철을 만들어내기 위해서는 용광로에 철광석, 석회석, 코크스를 갖춰 넣어야 하듯, 생각의 용광로에도 한없이 다양한 재료를 섞어 넣어야 한다. 어마어마한 재료들이 녹으면서 통찰력을 발휘하고 상상의 마술을 부리면서 생각의 빅뱅이 일어난다. 자신이 생각하는 분야, 목표한 주제에 대해서만 가려 모은 재료로는 이런 신비를 경험하기 힘들다.

3. 한곳에 모은다

자신의 관심사를 자극하는 어떤 것이든 한곳, 하나의 용광로에 모으는 것이 중요하다. 물리적으로든 디지털 방식으로든 한곳에 모아두면 자연발효가 일어난다. 장작을 쌓아둔 헛간처럼, 쌓아둔 자료들이 아이디어를 떠올리게 하는 퇴비화 현상이 일어난다.

4. 한 번씩 검토하기

한 번씩 용광로를 뒤지며 메모나 정보의 조각을 검토하면 머릿속 생각공장이 슬슬 가동을 시작한다.

어떤 좋은 생각이 떠오르고 이 생각이 기억의 한 조각을 만나 스파크를 일으키며 다루는 이슈를 다르게 보게 하고 깊게 파고들게 만든다. 이쯤 되면 생각의 용광로에서 쓸 만한 아이디어가 완성되는 중이다.

07

고수의 승부수,
지식의 데이터베이스를 구축하라

준비된 고수는 조용히 일한다

어느 분야에서든 고수는 늘 준비되어 있기 때문에 조용히 일한다. 고수들에게 준비란, 오래 사용하여 잘 길들인 손에 꼭 맞는 연장과 작업에 필요한 각종 재료들을 빠짐없이 구비한 연장통을 챙기는 일이다.

머리를 쓰는 사람들의 연장통은 창의에 필요한 지식과 정보들이 척 하고 알아보기 좋게, 활용하기 편하게 구축된 데이터베이스다. 섬이 커야 해안선이 길 듯, 이 지식의 데이터베이스가 넓고 커야 창의의 해안선도 긴 법. 그런데 이 데이터베이스는 활용하지 않으면 가치가 없다. 외부에서 입수한 자료를 활용 가능한 내 연장으로 만드는 방법을 안내한다.

데이터베이스 구축

외부에서 입수한 자료들을 매핑이라는 내면의 필터를 거쳐 내 것으로 만든 다음에는 나중에 꺼내서 활용하기 편하게 데이터베이스로 만들어 보관하는 것이 순서다.

인출하기 어려워 써먹기 불편한 정보는 주의력과 에너지와 시간을 좀먹는 쓰레기일 뿐이다. 데이터베이스로 만들어보자. 수집한 메모를 그냥 쌓아두는 것과 정리하고 선별하여 데이터베이스로 구축한 것은 차이가 크다.

문장으로 복원하기

메모를 할 때는 핵심내용을 키워드나 부호로 압축하여 메모지에 저장한다. 자료를 데이터베이스로 구축하려면 맨 먼저 이 압축을 풀어 원래의 의미대로 복원하는 것이 우선이다. 간결하게 빨리 메모하느라 압축한 정도가 클수록 복원은 재빨리 이루어져야 한다.

메모의 압축을 푸는 방법으로 가장 이상적인 것은 완전문장으로 내용을 기술하는 것이다. 이때 대명사나 조사, 부정어, 접속사 등과 같은 기능어를 예민하게 다루어야 원래의 내용대로 복원하기가 가능하다.

우리말은 핵심단어인 내용어에 기능어를 더해 문장이 완성되는데 메모를 할 때는 내용어 위주이기 때문이다. 가령 '버려지다섬꽃' 이 세 가지 내용어를 가지고 구사할 수 있는 문장은 이렇다.

버려진 섬에도 꽃은 피었다.

버려진 섬에 꽃은 피었다.

버려진 섬에 꽃이 피었다.

핵심단어를 그대로 사용했지만 각각의 문장은 의미와 뉘앙스가 다르고 가치 또한 각각이다. 문장의 성분을 완전하게 갖춘 문장으로 의미를 복원하는 것이 중요한 또 다른 이유는 주어나 목적어 등이 생략되었을 경우 의미 전달이 정확하지 않기 때문이다.

이렇게 키워드나 부호로 메모한 것을 문장으로 복원하여 정리하면 머릿속 두뇌가 그 자료를 기억하는 데 도움이 된다. 의미를 완전하게 복원한 정보는 검색하여 인출하기 쉽게 범주화하고 구조화하는 과정을 거쳐 데이터베이스로 구축된다.

각각의 정보에 이름 붙이기

정보를 원형에 가깝게 복원했으면 다음 순서는 데이터를 건건이 정리하여 해당 정보에 걸맞는 이름을 붙이는 것이다. 일본의 기록 전문가 다치바나 다카시는 정보 단위에 이름 붙이는 작업을 매우 중요하게 여긴다.

"필요한 자료의 충실한 수집은 정말 잘한 일이다. 수집된 자료를 분류 정리했다면 더욱 잘한 일이다. 하지만 이것만으론 모자란다. 정리된 내용에 각각 이름을 붙여라. 이름을 붙이는 순간 기록은 비로소 빛나는 의미로 바뀐다."

　나는 어떤 내용이든 정보는 한 번에 한 가지씩 메모하거나 정리하고 각각의 정보에는 이름을 붙이는데 이를 'T&D 프레임워크'라 명명했다.[26] T&D 프레임은 디지털 매체의 거의 모든 쓰기 템플릿에 활용되는 패턴으로 제목Title에 설명문구Description를 포함하는 프레임이다.

　특히 방대한 자료들을 정리할 때 T&D 패턴을 이용하면 각각의 자료를 식별하기 좋고, 그 자료들을 체계적으로 취합하고 정리할 때 편리하고 그것을 끄집어내 재사용할 때 참으로 유용하다.

---

[26] 《진정한 리더는 직접 쓰고, 직접 말한다》, 송숙희 지음, 대림북스.

08

일상을 정리하기 전에
머릿속부터 정리하라

생산성 향상을 위한 최고의 처방은?

"잠들기 직전 10분씩 그날 한 일들을 생각해보고 자신에게 물어보라. 오늘 내가 잊어버리거나 소홀히 하거나 실수한 일은 무엇일까? 오늘의 일을 개선하는 방법은 무엇일까?"

철강회사 CEO 찰스 스왑은 경영컨설턴트인 아이비 리에게 경영자로서 어떻게 행동해야 하는지 조언을 청하자 아이비 리는 '매일 쓰면서 성찰하기'를 처방했다. 구체적으로는 이렇게 가이드했다.

"전날, 내일 해야 할 일 6가지를 기록하고 우선순위를 매긴다. 다음 날, 1순위부터 시작하고 이를 다 마친 뒤 2순위를 시작하라. 이렇게 매일 하라."

조언을 받아들여 실행한 덕분에 찰스 스왑은 철강회사를 세계 제일로 키워냈고, 아이비 리에게 자문료로 2만 5,000달러를 보냈다. 지금으로 치면 약 4억 5천만 원이라는 거금이다.

과연 이 방법은 4억 5천만 원어치의 효과가 있는 것일까? 자기계발 전문가 제임스 클리어는 다음과 같은 이유로 '매일 쓰면서 성찰하는' 방법이 생산성 향상에는 최고라고 강조한다.[27]

1. 집중해야 할 일을 단순화한다.

2. 시작의 두려움을 줄여준다. 다음 날 무엇을 할지 분명하므로.

3. 우선순위대로 하나씩 해나갈 수 있다.

---

27 카드뉴스를 제공하는 〈티타임즈(TTIMES)〉에 실린 내용을 재구성했다.

09

머릿속을 비워 버킷에 담으세요

숙성과 발효가 일어나는 아이디어 박스

아이디어에 살고 아이디어에 죽는 디자인회사 아이데오는 테크박스라는 이름의 아이디어 씨앗 저장고를 갖고 있다. 바퀴가 달린 서랍형 캐비닛의 이 저장고에는 기술 관련 진기한 것들이 가득 들어 있다.

테크박스는 언제든지 자유롭게 열람할 수 있도록 되어 있어서 아이데오의 직원들은 아이디어가 필요할 때 언제든 들여다보며 궁리한다. 테크박스 안에서는 불꽃 같은 영감이 일어나고 저절로 아이디어가 샘솟는다. 그래서 아이데오 직원들은 테크박스를 '마술상자'라 부른다.

나이키도 '재료 도서관'이라는 마술상자를 감춰두고 있다. 도서관처럼 온갖 종류의 수많은 재료들을 갖춰놓았는데 영감이 필요할 때

직원들은 수시로 이곳을 들락거린다.

스탠퍼드대학에서 창의력을 가르치는 티나 실리그 교수는 머릿속을 창조적인 작업에 능하게끔 관리하려면 다방면에서 다양하게 관찰하면서 아이디어로 발전할지도 모를 아이디어 씨앗을 모으는 것이 중요하다고 알려준다.

그림이나 단어나 이미지 등 어떤 형태로든 씨앗을 상징하는 것들을 모아두는 이 작업은 창조적인 작업의 필수 과정이다. 여느 씨앗처럼 아이디어 씨앗도 보관을 잘 해야 한다. 머릿속은 보관소가 아니므로 머리 밖에 보관한다. 실리그 교수는 이 보관소를 '아이디어 박스'라 부른다.

머릿속을 정리하는 이유는 머릿속 생각공장이 창의적인 결과물을 만들어내도록 돕기 위해서다. 그런데 창의는 무에서 유가 아니라 유에서 유를 만들어내는 작업. 그러니까 연결할 거리가 많을수록 창의는 빛난다.

창의적인 인물들은 머릿속을 비워 창의에 활용하는 만큼 연결할 재료들도 머리 밖에 둔다. 그들은 저마다 아이디어의 마술이 일어나는 아이디어 박스를 감춰두고 산다. 마치 컴퓨터의 외장하드처럼 머리 밖에다.

버킷 리스트의 버킷! 일단 담아두기

머릿속이 복잡하기로야 한도 끝도 없을 CEO들은 '메모북'이라는 버킷을 가진다. 메모북은 뭔가 생각이 떠오를 때마다 일단 그것을 적어두는 평범한 수첩이다.

CEO의 시간관리를 연구하는 스테파니 윈스턴은 CEO들은 한 권의 메모북에 중요한 아이디어와 특별한 생각을 기록한다고 전하며, 그들에게 메모북은 '아이디어북'의 역할을 한다고 귀띔한다.

당신도 이미 다이어리나 메모북, 혹은 에버노트 같은 마술상자를 두었을지도 모른다. 어떤 생각이나 정보, 기억해야 할 것들, 아이디어의 단편들을 머릿속이 아니라 머리 밖에 모으고 담아두는 것이면 그것은 당신의 마술상자다. 중요한 것은 머릿속이 아니라 머리 밖에 담아둘 필요가 있을 때 바로 바로 담아두도록 늘 끼고 있어야 한다는 것이다.

머릿속에서 낳아 머리 밖에서 키우기
: 아이디어 인큐베이팅

아이디어는 한순간 떠오르는 것이 아니다

　"불현듯 떠올라 미친 듯이 써내려갔어요. 겨우 하루 만에 완성했어요. 꿈에 악보가 보였어요. 자다가 일어나 악보지에 옮겼지요."

　부와 명예를 가져다주는 근사한 아이디어는 이렇듯 창의의 여신 뮤즈가 일일이 점지하는 줄 아는 이들이 많다. 물론 착각이다. 어쩌면 첫 생각쯤은 그렇게 시작할는지도 모른다. 그러나 머리를 좀 쓸 줄 아는 사람들은 하나같이 이렇게 간증한다. 돈이 되는 아이디어는 끈질기게 생각을 물고 늘어지는 사람의 몫이라고.

　스티브 잡스를 비롯한 실리콘밸리의 영웅들에게 많은 영감을 준 작가이자 편집자인 스튜어트 브랜드는 자신이 목도한 영웅들의 혁신적인 프로젝트에 대해 이렇게 말한다.

　"아이디어가 완성되는 데 걸리는 시간은 보통 5년이다. 아이디어를 떠올리고 그것에 대해 완전히 생각을 그만두게 되기까지 5년이 걸린다."

구텐베르크에서 GPS에 이르기까지 700년간 200개의 탁월한 아이디어를 연구·분석하여 '탁월한 아이디어의 비결'을 끌어낸 스티브 존슨은 '아이디어는 한순간 떠오르는 것이 아니다'라고 단언한다.

그에 따르면 탁월한 아이디어는 하나의 생명체처럼 시간을 거듭할수록 진화하여 훌륭하고 세련된 아이디어로 재탄생하는데, 거의 날것에 가까운 처음 아이디어가 주위의 의견과 정보를 만나는 과정을 동반한다고 정리한다.

생각은 아주 오랜 동안의 잠복기를 거치는데 스티브 존슨은 이것에 '느린 예감'이라는 이름을 붙여주었다.

아이디어는 작게 낳아 크게 키우는 것

어떤 국가가 선망의 선진국 대열에 속할 수 있는가의 여부는 자기만의 개념을 설계하고 실행하여 자기만의 가치를 창출할 수 있는 능력을 가졌는가에 달렸다고 한다. 서울공대 이정동 교수가 간파한 통찰이다.

책 쓰기 코칭을 오랫동안 해오며 나 역시 같은 생각을 한다. 수많은 예비저자들이 '저자'로 거듭나 좋아하는 일, 잘하는 일로 평생 현역의 길을 걸을 수 있는가의 여부 또한 '자기만의 개념을 설계하고 실행하여 자기만의 가치를 창출할 수 있는가'에 달렸다고 말이다.

이정동 교수는 자기만의 개념을 설계하고 실행하는 데는 많은 능력이 필요하지만 특히 중요한 역량에 대해 이렇게 말한다.

"기본 아이디어에 수많은 시행착오를 통해 끌어낸 경험 데이터를 축적해야 한다. 아이디어를 시도하고 실패하고 수정하는 과정을 반복하면서 아이디어를 숙성하고 발효하는 과정, 즉 '스케일링업' 과정을 거쳐야 한다."

아이디어는 흔한 것이고, 장인정신을 발휘하여 하나의 아이디어를 상품화하기까지는 스케일링업 역량이 반드시 필요하다는 것이다.

스케일링업 과정은 아이디어를 키워가며 수많은 오류를 발견하고 시행착오를 거치며 경험과 데이터를 얻고 이는 귀중한 자산으로 축적할 때 가능하다고 주장한다.

예컨대 아이디어의 씨앗을 장대한 나무로 키워가는 여정이 필수적으로 요구된다는 것이다. 차고 넘치는 정보과잉 속에서 현대인은 누구나 확실한 것을 좋아하고 단순하고 명료한 것을 우선시한다.

디지털 시대라는 불확실한 미래를 통제하는 방법을 책으로 쓴 제이미 홈스는 AI 시대, 초고령화 시대 등 전에 없는 문제상황 속에서 생존하려면 단번에 끌어낼 수 있는 초간단 아이디어로는 불가능하다고 주장한다.

아이러니하게도 우리의 미래는 이 불확실성과 모호성을 견뎌내는 능력, 혹은 활용하는 능력에 달려 있다는 것이 그의 지론이다. 애니메이션 분야 최고의 창의력을 자랑하는 픽사의 CEO 에드 켓멀도 근사한 아이디어는 '한방'에 완성되는 것이 불가능하며 반드시 진화의 시간을 필요로 한다고 지론을 편다.

"독창적이고 창의적인 것은 초안을 다듬어 나오는 것이 아니다. 가치 있는 결과물은 초안과 전혀 다르게, 밑그림, 초안 등을 완전히 뛰어넘어 전혀 다른 것으로 탄생한다."

아이디어는 흔하다. 그러나 시장에서 인정받는 결과물로 마무리되는 아이디어는 흔치 않다. 머릿속에서도 수많은 아이디어가 매순간 번뜩인다. 그 아이디어를 쓸 만한 것으로 다듬으려면 별도의 공정이 필요하다. 머릿속에서 잉태된 아이디어는 머리 밖에 마련된 인큐베이터에서 키워가야 한다.

대부분의 생각푸어들은 이 모든 것을 머릿속에서 하려들지만 고수들은 머릿속 한정된 공간에서 이 막중한 과업을 해내기에는 절대 불가능함을 잘 안다. 그래서 그들은 막 발아한 아이디어 씨앗을 인큐베이팅하는 공간을 별도로 마련한다.

● 11

아이디어를 키워갈 컨테이너가 필요해

아이디어의 진화가 수십 억 달러짜리 프로젝트를 만든다

제프 호프먼은 숙박 예약 사이트 프라이스라인닷컴의 창업자다. 그는 평소 짬짬이 읽고 생각하거나 검색하다 발견한 것들을 메모하고 이를 노트북에 상호연관성 있게 정리한다.

그는 이 작업을 '매핑'이라 부르는데, 수집한 키워드가 처음에는 어떤 관련이 있는지 전혀 알 수 없지만, 매일 아침 그냥 들여다보며 상상하고 짝을 짓는 놀이를 하다 보면 며칠 후 분명히 뭔가가 탁 하고 떠오른다고 한다. 뭔가 의미 있어 보이는 것의 키워드를 수집하고 정리하고 들여다보는 것으로 수십 억 달러짜리 프로젝트를 만들어 낸다는 것이다.[28]

---

28 《빌 게이츠는 왜 생각주간을 만들었을까》, 대니얼 P. 포레스터, 이민주 옮김, 토네이도.

제프 호프먼의 이런 작업은 탁월한 아이디어의 비결을 설파한 스티브 존슨이 권하는 아이디어 인큐베이팅 기법과 같다.

존슨은 아이디어로 진화할 느린 예감은 많은 단계에서 도전을 받는다고 경고하면서, 기억에만 담아두면 너무 빨리 흐릿해지고 일상의 복잡다단함에 떠밀려 사라지기 쉬우므로 기록으로 남겨두는 것이 가장 안전하다고 조언한다.

또한 유명한 창의적 인물들이 저널(일지)을 남긴 것은 아이디어 초기 단계에서 예감을 배양하는 공간이 필요했기 때문이라고 설명한다. 아이디어는 현재 진행되는 두뇌의 생각과 과거 일지의 기록에 대한 관찰로 이루어진 이중주라고 정리하면서, 자신의 기록을 끊임없이 되풀이하여 읽고 암시를 찾아내는 작업이 중요하다고 강조한다.

컨테이너 박스는 숙성과 발효가 일어나는 R&D센터

생각은 그 자체보다 생각을 유지하는 능력이 더 중요하다고, 노스웨스턴대학의 조 랠린 교수는 말한다. 생각이 벽에 부딪힐 때마다 찾아보고 알아보기 위해 스마트폰이나 노트북을 찾다 보면 벽을 뛰어넘을 수 없으며, 그 벽은 언제 어디서나 집요하게 생각을 끌고 다녀야 한다고 주장한다. 멈추면 생각도 멈추다, 사라진다고.[29]

그렇다면 생각을 언제 어디서나 계속하도록 끌고 다니려면 어떻

---

29 《빌 게이츠는 왜 생각주간을 만들었을까》, 대니얼 P. 포레스터, 이민주 옮김, 토네이도.

게 해야 할까? 볍씨를 뿌려 모로 길러내는 데 모판이 필요하듯, 아이디어를 아름드리나무로 키워가는 데 필요한 '모판'을 만들어보자. 생각을 싣고 다니는 컨테이너를 마련하자는 얘기다.

앞에서 언급한 아이디어 박스(149~150쪽)가 생각의 재료를 수집하는 도구라면 생각의 컨테이너 박스는 숙성과 발효가 일어나고, 느린 예감이 아이디어로 진화하는 R&D센터다. 나는 이 컨테이너 박스에 문패를 달아주었다. '아이디어(I.D.E.A.) 파일.'

아이디어 파일에 담을 것들

모판에서 볍씨가 자라듯 아이디어 파일에서는 생각이 숙성하고 발효하고 진화한다. 아이디어 파일은 정보를 수집해 모으고, 모은 정보를 분류하거나 조합하여 시사점과 통찰을 짚어내는 머리 밖 사유의 작업대다.

전에 없던 창의적인 문제해결 노하우를 만들어내는 고차적인 사고는 복잡다단한 과정을 함께할 생각의 도구다. 아이디어 파일에는 다음과 같은 자료들을 수집해 들인다.

I. (Idea, 아이디어)	생각이나 의견, 주장, 메시지
D. (Data, 데이터)	아이디어 주장과 검증, 논증에 필요한 자료들 : 근거, 예시, 샘플, 인용
E. (Emotional Data,	통찰, 직감, 감정, 느낌, 감성 ⇨ 수집한 자료, 객관적

이모셔널 데이터) 사실 등에 대한 예비저자 자신의 주관적인 성찰, 느낌, 직감, 직관, 생각 등을 놓치지 않고 수집, 정리

A.(Association, 연상) 연상, 통찰, 영감, 직관

아이디어 수집 시 유의사항

종이에든 스크랩북에든 컴퓨터 파일로든, 체계적이거나 조직적이지 않아도 된다. 나중에 살펴보고 검토하여 가공할 수 있도록 정보를 모아서 정리하는 것에 중점을 두면 된다.

그 자료가 왜 중요한지, 왜 캡처했는지, 의도와 의미가 무엇인지, 출처는 무엇인지, 관련하여 내 생각과 느낌과 감정은 무엇인지. 잊어버리지 않도록 메모해두는 것이 중요하다.

아이디어를 모두 모은 다음에는 가급적 눈에 보이게 늘어놓는다. 그러면 수집해 들인 데이터 속에서 유용한 정보를 발견하거나 뜻밖의 연결고리 등 기대하지 못했던 정보까지 발견하게 되고, 이 과정에서 아이디어는 알토란같이 여문다.

머릿속은 한 장의 종이로 압축하라

핵심을 정리하는 역량이 존중받는 시대

"과거 우리는 종이 한 장에 기승전결로 확실하게 정리했는데 요즘은 툭하면 파워포인트를 이용하려 한다. 천연색의 컬러 인쇄물을 이용하여 페이지 수만 많지 별 쓸모가 없다."

도요타 자동차 와타나베 기쓰아키 사장이 한 말이다.

이 말을 한 것이 8년 전의 일. 그가 말한 '과거'는 지금처럼 정보가 차고 넘치지 않을 때다. 정보는 부족했고, 제대로 된 정보를 입수하면 종이 한 장에 기승전결로 확실하게 정리하는 것은 일도 아니었다.

그런데 지금은 문제가 다르다. 정보가 차고 넘친다. 정보의 과잉이 부르는 과잉 활동으로 인해 머릿속은 하루 종일 과부하 상태다. 머릿속 워킹 메모리는 순간순간 터져 나오는 정보들을 인식하느라 바쁜 나머지 정작 해야 할 일인 창의적 문제해결에 요구되는 정보를 다루는 고차적 사고에 쏟을 여력이 전혀 없다.

요즘처럼 과잉 정보로 인해 과잉 활동이 유발되고 그로 인해 주의집중력이 떨어지고 결과물의 질도 떨어지는 상황에서 핵심을 보기 쉽게, 보고 싶게 정리하는 역량은 크게 존중받는다. 머릿속에 떠돌던 많은 생각들을 쏟아내고 골라내고 엮어 한 장의 종이에 압축하는 실력은 지식기반 아이디어 시대를 살아가는 필살의 생존기술이다.

하나의 생각은 한 장의 종이에, 한눈에 보이게

도요타, P&G 등의 글로벌 기업들은 무슨 내용이든 보고할 때 한 장의 문서로 제한하는 것으로 유명하다.

머릿속 생각공장을 통해 의미 있는 결과물을 만들고 이것을 조직 안팎의 관계자들과 공유하는 일은 직장인이나 사업가들에게 중요한 업무다. 이때 가장 중요한 포인트가 생각을 한 장의 종이에, 한눈에 보이게 정리하는 것이다.

머릿속에 든 생각을 한 장의 종이에 압축하여 정리하면 내용을 한 번에 이해할 수 있고, 전체적인 의미와 세부적인 내용을 단번에 파악할 수 있다. 한 장에다 내용을 쏟아내면 그 내용에 집중하며 전체적인 관계와 정보 간의 맥락을 파악하는 데 수월하다.

만일 여러 장에 다양한 내용이 분산되면 한눈에 파악하기 어려워 산만해지므로 집중도가 떨어지기 마련이다.

엄청난 '귀차니스트'인 우리 뇌는 쉽고 편하게 정보를 받아들이려 한다. 주어진 자료를 꼼꼼하게 읽고 분석하고 이해하여 받아들이기보다 한눈에 내용을 인식하려 한다. 그러므로 한눈에 파악하지 못하면 뇌는 금세 주의가 산만해진다.

이러한 뇌의 특성에 따라, 하나의 내용을 여러 장에 걸쳐 정리하거나 이면지에 이어 쓰거나 하는 식은 바람직하지 않다.

머릿속 비워내기가 필요한 근본적인 이유는 머릿속을 창의성의 산실이라는 본래의 기능으로 복원하기 위한 것이다. 차고 넘치는 정보와 지식을 활용하여 갖은 문제를 해결하는 아이디어를 만들어내는 것이 머릿속 생각공장의 원래 몫이다.

이번 장에서는 미니멀해진 머릿속에서 창의적 사고가 제대로 작동하도록 길들이는 기술을 다룬다. 이러한 기술력을 향상하기 위해 어떤 문제든 척척 해결하는 초강력 사고력 향상 도구인 저널 쓰기를 소개한다.

저널 쓰기는 머릿속의 산만한 정보와 생각의 파편, 기억 등의 재료를 정리하여 일리 있고 조리 있게 아이디어로 구조화하는 작업이다. 저널 쓰기를 집중적으로 연습하고 지속적으로 훈련하면 경험을 생각으로, 생각을 아이디어로 발전시키는 아이데이션에 능한 인재가 될 수 있다. 머릿속 정리기술의 궁극의 목표이자 핵심이 쓰면서 생각하는 것, 바로 저널 쓰기다.

머릿속 정리기술 4
아웃풋

최고 인재들의 생각도구, 글쓰기

최고가 되기 위한 선택은

자신에게 더 많은 것을 얻어내려는 의지와 함께

자신의 생각과 말을 정렬하면서부터 시작된다.

— 오프라 윈프리

01

자동차회사 혼다는 왜 언어를 연구할까?

언어로 사고의 창조성을 끌어낸다

　일본 자동차회사 혼다의 연구개발을 담당하는 혼다기술연구소는 사내에서 '혼다언어연구소'라 불렸다고 한다. 혼다가 경쟁사 도요타나 닛산보다 4륜 자동차업계에 훨씬 뒤늦게 진출하고도 그들을 제칠 수 있었던 비결은 '언어연구소' 덕분이라는 것이 자체적 분석이다.

　분석 요지는 언어를 중심에 둔 논리적 사고를 기반으로 한 창조성이 혼다의 도약을 끌어냈다는 것이다. 이 연구소는 기술과 자동차를 연구하기 전 말을 둘러싸고 끝없는 토론을 거듭하며 생각을 언어로 표현하는 작업에 혼신을 다해 매달린다.

　신차의 상품 콘셉트를 표현하는 말을 정하기 위해서만 밤샘토론을 사흘씩 세 번이나 한 적이 있을 만큼 말에 대한 고집이 상당한데

이는 아이디어의 폭과 깊이를 더하기 위해 이렇게 할 수밖에 없다는 것이 연구소 측의 설명이다.[30]

아마존 창업자이자 CEO인 제프 베조스 회장은 임원회의 때 파워포인트를 금한다. 회의가 시작되면 사전에 마련된 4~6쪽의 서술형 보고서를 읽는다.

"요점을 정리한 개조식 문장보다 서술 구조를 갖춘 글을 쓸 때 내용에 대해 더욱 폭넓고 깊게 생각한다. 자신의 생각을 완전한 문장이나 완결된 단락으로 표현하려면 더 깊고 체계적으로 생각해야 한다."

그는 보고서 문장에서 주어를 먼저 찾는다. 주어가 분명하지 않으면 생각이 명료하게 전개되지 않는다고 믿기 때문이다. 언어의 힘으로 사고를 끌어가는 방식이다.

아이디어는 실행 속도가 생명

머릿속의 내용물은 표현했을 때 의미가 있고 가치를 드러낸다. 아이디어 경제에서는 아이디어의 개발보다 그것을 실행하는 속도가 생명이다. 아이디어는 가능한 한 빨리 말과 글로 표현해야만 빠른 실행이 가능하다.

머릿속 생각은 언어로 구현(아웃풋)하는 습관을 들여야 한다. 언어

---

30 《1등의 생각법》, 히사시 지음, 정지영 역, 박용후 감수, 알에이치코리아(RHK)

는 보편적인 표현도구이기 때문이다. 특히 협업을 통해 아이디어를 구현하는 현실에서 자신의 생각을 제대로 언어화하지 못하면 생산성에 바로 문제가 생긴다.

생각을 언어로 표현하면 스스로 그 생각이 어떤 것인지를 알게 된다. 부족한 것을 보완하게 되고 어설픈 것은 완성도를 높이게 된다. 언어는 표현의 수단이자 전달의 도구이지만 보다 큰 언어의 기능은 생각하기, 즉 사고의 수단이다.

그래서 언어를 사고의 집이라고 하고, 사람은 자기가 표현할 수 있는 만큼만 사고한다. 표현이 어눌하면 사고도 어눌하고, 표현이 엉성하면 사고도 엉성하다. 그래서 언어를 '정신의 지문'이라고도 한다.[31]

생각을 문장의 그릇에 담아내라

문장은 생각을 담아내는 틀이다. 생각을 문장으로 표현했을 때 비로소 아이디어가 실행 가능한 것으로 구체화된다. 머릿속에서 막연하고 애매했던 생각의 단초는 문장으로 옮겨질 때 더 확실해지고 구체화되며 세부적으로 정리된다.

머릿속의 생각이 문장으로 구체화되면 관련된 이들이 공유할 수 있다. 실행의 지침으로 삼을 수 있어 방향 제시가 분명해진다.

---

31 소설가 최명희가 한 말이다. 손가락 끝마디의 지문이 그 사람의 정체성을 의미하듯 그 사람이 사용하는 단어도 그 사람의 생각과 정신을 반영한다는 의미를 담은 표현이다.

언어로 머릿속 생각을 정리하는 방법으로, 아마존 회장 제프 베조스가 평소 강조하는 규칙을 따라해보자.

1. 완전한 문장으로 써야 한다.

2. 단락마다 주제문장이 있어야 한다.

3. 이러한 규칙을 반영하여 서술형으로 쓴다.

02

사고의 연금술
: 사고의 고수는 아웃풋에 강하다

글로 써야 생각을 알 수 있다

"정말 똑똑한 사람들이 중요한 아이디어라며 허접한 이야기를 하는 걸 지겹도록 들었다는 말을 들으면 그는 '글로 써보게 하라'고 조언했다. 말하고자 하는 것을 제대로 알 수 있는 방법은 그것뿐이라고 설명하면서."

미국의 경제잡지 〈패스트 컴퍼〉의 공동창업자인 앨런 웨버가 〈하버드비즈니스 리뷰〉 편집자 시절의 경험을 떠올리며 말했다.

그의 말대로 글로 써보면 무슨 생각을 하는지 정확히 알 수 있다. 작가처럼 쓰라는 것이 아니다. 무슨 표현이든 필요하면 그저 글로 써보는 것이다. 표현할 때 중요한 것은 '조리에 맞는가, 말하려고 하는 것이 맞는가, 정확한 표현인가' 하는 것이다. 이렇게 쓰는 것이 원하는 데까지 생각을 끌어가는 가장 좋은 방법이다.

'암튼 써봐!'

'지知의 거인'이라 불리는 일본의 언어학자 도야마 시게히코 선생이 교수로 재직하던 시절, 졸업논문을 쓰지 못해 마감을 코앞에 두고 동동거리는 학생들에게 권한 유일한 조언이다.

'일단 써보시겠어요?'

책 쓰기 코칭을 하면서 내가 가장 많이 하는 말이다. 참으로 대단한 아이디어라며 책으로 쓰기만 하면 '대박은 떼어 놓은 당상'이라고 자신하는 예비저자에게 내가 하는 첫 주문이다.

머릿속에 있는 생각, 아이디어는 표현해놓기 전에는 아무도 알아차릴 수 없다. 머릿속의 주인도 모르기는 마찬가지다.

생각을 글로 표현하는 것은 생각을 글이라는 실에 꿰어 끌어내는 작업이다. 일단 글을 쓴다는 것은 생각을 끄집어내 눈에 보이게 늘어놓는 일이고, 그래야 비로소 머릿속에 담아둔 것들의 정체를 확인할 수 있다.

일단 쓰면 무엇을 말하고 싶은지 아닌지, 무엇을 말할 수 있는지 없는지 알 수 있다. 다른 이는 물론 생각을 글로 부려놓은 그 자신도 그제야 알게 된다.

쓰면서 생각하는 머릿속 정리기술, 저널 쓰기

이번에는 일단 써보기, 쓰면서 생각하기라는 머릿속 정리기술인 '저널 쓰기'를 소개한다. 저널journal이란 신문이나 잡지의 기사글, 연구논문, 일기 등을 포함하는 '글쓰기 활동' 전반을 뜻한다.

미국 초등학교에서는 수업 전 아이들에게 저널을 쓰게 하는데 이 때 저널은 '사회 현상, 자연 현상, 주변에서 일어나는 일들, 나의 경험 등에 대한 짧은 글을 쓰는 활동'을 의미한다.[32] 이 책에서 저널은 '특정한 주제나 사안에 대해 자신의 의견을 드러내기 위해 생각을 정리하여 쓰는 글쓰기 활동'이라고 정의한다.

의견을 드러낸다는 것은 그것을 들어줄 독자가 있다는 전제가 깔려 있다. 따라서 독자가 이해하고 수긍하고 마침내 납득하도록, 자기가 느끼고 생각한 것을 일리 있고 조리 있게 표현해야 한다.

그러므로 감성을 다루는 에세이나 일방적인 주장이나 심경의 토로에 그치는 일기는 여기에 해당되지 않는다. 정리하면, 저널 쓰기는 머릿속 생각이나 정보, 감정, 기억이나 관심사 등을 하나의 창의적 아이디어로 완성하도록 돕는다.

저널 쓰기란 머릿속에서 뒤섞여 있는 산만한 정보와 생각의 파편과 기억 등의 재료를 정리하여 일리 있고 조리 있게 구조화하는 작업을 말한다.

---

32 《하루 20분 미국 초등학교처럼》, 심미혜 지음, 센추리원.

03

잘나가는 그들이
글을 잘 쓸 수밖에 없는 진짜 이유

혁신적 아이디어의 방해꾼들

"크게 생각해야 하고 다르게 생각하며, 아무리 일정이 바빠도 생각하는 시간을 10분은 가져야 하며, 분기별로 하다못해 1년에 한 번이라도 생각에 집중하는 기간을 갖는다."

글로벌 기업을 이끄는 리더들 이야기에 자주 등장하는 대목이다.

1분 1초를 다투는 바쁜 일정에도 불구하고 그들이 강박적으로 생각하는 시간을 따로 내는 것은 의미 있는 생각, 즉 혁신적인 아이디어를 부르는 고차적 사고가 '한 번에 20초 동안 페이스북이나 트위터에 끊임없이 방해를 받아가면서 할 수 있는 것'이 아님을 알기 때문이다.[33]

––––––––

[33] 미국의 예일대학 교수인 윌리엄 데레시에비츠가 한 말이다.

우리는 잠든 시간을 빼고 혁신적인 ICT 기술이 안겨준 '악마의 선물'[34]에서 눈과 손과 마음을 떼지 못한다. 구글로 검색하고, 아이폰을 손에서 놓지 않으며, 페이스북을 통해 다른 이를 들여다봐야 하고, 카카오톡으로 연신 메시지를 주고받는다.

악마의 선물에 포획된 우리는 주의와 관심이 분산되고 산만하여 머릿속이 생각의 파편들로 차고 넘친다. 이런 머릿속으로 회사와 사회가 요구하는 창의성에 부응하기란 어림없는 일이다. 악마의 선물은 짧은 시간 편하게 많은 것을 접하게 하고 많은 것을 알게 하지만, 의미 있는 생각을 만들어내는 데는 오히려 방해꾼일 뿐이다.

문제해결에 능한 사람은 머릿속이 미니멀하다

생각은 불쑥 튀어나오는 것이 아니라 만들어지는 것이다. 머릿속을 정리하는 최종 목표는 자신만의 생각을 갖는 것, 그 생각을 누군가에게 이해시키고 설득하는 것이다.

그러려면 먼저 생각부터 완성해야 한다. 완성되지 않은 생각으로는 누구도 설득할 수 없다. 자기 자신조차도 말이다.

머릿속의 것들을 머리 밖으로 끄집어내 연결하고 재구성하여 생각을 만들고 완성하는 것, 자신만의 생각으로 세상을 설득하여 전

---

34 우리 일상을 장악한 구글, 아이폰, 페이스북, 카카오톡의 첫 글자를 연결하면 GIFT(선물)이다. 나는 이것을 '악마의 선물'이라 부른다.

에 없던 가치를 창출하고 공유하기. 이것이 지식기반사회에 필요한 핵심능력이자 머릿속 정리기술의 핵심이며 머릿속 미니멀리즘이 추구하는 궁극의 가치다.

그가 생각 좀 할 줄 아는 사람인가 아닌가는 그가 쓰는 사람인가 아닌가를 보면 된다. 쓰는 사람은 생각하는 사람이며 쓰지 않는 사람은 설령 생각하는 중이라 해도 고민만 하는 사람이다. 생각할 줄 아는 사람은 쓴다. 쓰면서 생각한다.

생각한다는 것은 문제를 풀어가는 일. 데이터와 감정과 관심사가 어우러져 일어나는 사고작용이다. 생각은 저절로 되는 게 아니다. 치열하게 치밀하게 당당하게 답을 찾아내는 것이 제대로 된 생각이다. 답을 찾는 일에 몰두하기 위해서는 다른 것들로 머릿속이 산만해져는 안 되는 법. 그래서 문제해결에 능한 사람은 머릿속이 미니멀하다.

잘나가는 리더들이 글을 잘 쓸 수밖에 없는 이유

"찰스 다윈은 자신이 신봉하는 결론을 부정하는 새로운 증거를 발견할 때마다 그 내용을 의무적으로 30분씩 기록으로 남겼다. 그렇게 하지 않으면 이식된 장기를 몸이 거부하듯 거슬리는 정보를 정신이 거부하리라는 것을 알았기 때문이다."

이렇게 말한 이는 세계 최고의 투자가 워런 버핏이다. 몸으로 하지 않는 생각은 생각이 아님을 아는 사람만이 할 수 있는 말이다.

쓰기는 몸으로 하는 생각이다. 생각은 의도적으로 의식적으로 정보를 조작하여 의미와 가치를 만들어내는 작업이다. 무엇에 대해 생각하는 중인가를 잊어버리지 않으면서 앞에 무엇을 생각했는지를 떠올리고 지금 무엇을 해야 하는지를 살피면서 다음에 무엇을 연결하고 재구성해야 하는지까지 놓치지 않아야 하는 일련의 작업이 '생각하기'다. 이러한 고도의 작업에 능수능란하려면 머릿속에 '워킹 메모리(작업기억)'라는 생각의 공간이 필요하다.

내가 '생각작업대'라고 부르는 워킹 메모리는 용량이 작아 한 번에 저장하고 처리하는 정보의 양이 한정되어 있다. 문자 메시지와 트위터 등 짧은 문장과 이미지, 단순한 내용에 익숙해진 우리 머릿속은 이처럼 고난이도의 작업을 척척 수행하는 워킹 메모리 능력을 기대하기 힘들다. 그래서 파편적으로 사고하고 단편적으로 표현하게 된다. 결과적으로 워킹 메모리 능력은 점점 더 축소된다.

글을 잘 쓴다는 것은 생각을 잘한다는 의미다. 생각을 잘한다는 것은 워킹 메모리 능력이 탁월하다는 증거이고, 그것은 생산성과 성취가 높다는 것을 뜻한다. 이것이 잘나가는 리더들이 글을 잘 쓰는 이유다.

04

인공지능이 범접할 수 없는 경쟁력, 아이데이션

정말 좋아하는 것과 가치 있는 것만 남겨라

정리전문가 곤도 마리에는 "일상의 정리란 내 주변에 내가 정말 좋아하는 것과 인생에 가치를 부여하는 것만 남기는 삶의 태도"라고 설명한다.

그녀의 이 말은 정리의 목적을 '버리는 것'에 두고, 버리고 비우기의 최고 경지는 '욕심과 집착 내려놓기'라고 알려줌으로써 버리기에 집착하는 많은 이들의 생각을 바로잡아준다.

머릿속 정리(다이어트) 역시 최고 경지는 비워내고 정리한 머릿속에서 생각공장이 제 기능을 다하여 고차적 사고력을 발휘하게 하는 것이다. 고차적 사고력은 이해력·판단력·응용력·표현력 등 다양한 사고영역이 복합적으로 작용하는 난이도 높은 역량이다.

조각조각 쪼개진 생각이 파편으로 가득 찬, 진득하게 하나의 생각에 몰두하지 못하고 순간의 자극을 쫓아 그때그때 반응하는 '팝콘 브레인'으로는 엄두도 낼 수 없는 영역이다.

머릿속이 미니멀하게 정리되어 고차적 사고공간이 확보되면 고차적 사고에 필요한 연습을 해야 한다. 머릿속의 생각과 기억과 정보의 파편들을 맥락에 맞게 연결하여 의미를 만들어내야 한다.

인간의 유일한 무기는 아이데이션

알파고로 상징되는 인공지능에 대항하는 우리 인간의 유일한 무기는 아이데이션이다. 창의적인 아이디어나 개념을 떠올려 실행하고 가치를 창출하는 아이데이션 능력은 기계가 범접할 수 없는 경쟁력이자 기회다.

아이데이션은 아이디어에 대한 완벽한 이해는 물론 이해한 내용을 대상과 의도, 용도에 따라 재구성하고 다른 사람에게 전달할 수 있도록 표현하는 능력까지를 포함한다.

저널 쓰기는 어떤 경험이든 생각이든 내 것으로 만들고, 어떤 데이터든 정보화하여 내면에 저장함으로써 언제든 인출하여 새로운 지식으로 만들어내거나 활용하는 아이데이션 능력을 길러준다.

또한 저널 쓰기는 아이디어나 개념을 임팩트 있게 설명할 수 있는 능력, 또는 사건이나 경험을 장황하게 나열하지 않고, 일리 있고 조리 있게 이야기하는 능력으로서 아이디어 시대에 가장 인정받는 기술이다.

05

왜 현대카드사와 아마존에서는
파워포인트를 못 쓰게 할까?

파워포인트가 회사에서 금기시되는 근본적인 이유

미국 대법원장 존 로버츠 주니어는 구두 변론을 준비할 때 우선은 생각나는 대로 쓴다. 그리고 쓰면서 생각한다. 예상 질문 수백 건을 기록하고 그에 대한 답변을 낱장의 카드에 쓰면서 생각을 완성해간다.[35] 변론에 있어 가장 중요한 것은 확고한 논리 전개인데 이러한 고차적 사고는 머릿속에서 이루어지지 않는다는 것을 그는 잘 안다.

파워포인트는 매우 편리하고 유용한 도구지만, 머릿속에 담겨 있는 내용물을 생각하기를 통해 다듬어가지 않고 대뜸 표현하게 만든다는 점에서 취약하다. 현대카드사와 미국 기업 아마존 등에서 파워포인트 금지령을 발효한 이유도 이것이다.

---

35 《진정한 리더는 직접 쓰고, 직접 말한다》, 송숙희 지음, 대림북스.

전격적으로 사내에서 파워포인트 사용을 금한 현대카드사 정태영 부회장은 이후의 변화에 대해 이렇게 보고한다.

"파워포인트를 쓰지 않으면 보고서들이 대부분 한두 장으로 짧아지고 논의가 핵심에 집중된다."

스티브 잡스도 파워포인트 사용을 끔찍하게 싫어했다.

"무슨 말을 하는지 알고 있는 사람은 파워포인트가 필요 없다. 문제해결을 위해 생각하려는 노력을 하지 않고 파워포인트 슬라이드부터 사용하는 것을 싫어한다."

앞서 이야기했듯이, 제프 베조스 아마존 회장도 파워포인트를 금하고 임원회의 자료를 반드시 서술형으로 준비하게 한다.

파워포인트를 금지한 리더들은 생각보다 많은데, 심지어 파워포인트를 만든 마이크로소프트사의 CEO 스티브 발머 회장도 재임 시에 사내에서 파워포인트 사용을 금했다는 이야기는 충격적이다.

표현의 도구는 완성된 생각을 보다 잘 드러내기 위해 사용해야 한다. 그러나 생각이 채 정리되기 전에 머릿속에 하다 만 생각을 가둬 놓은 채 파워포인트 문서를 작성하기 시작하면 설익은 생각과 논리에 맞지 않는 말이 그대로 표현되고 만다. 이것이 파워포인트가 회사에서 금기시되는 근본적인 이유다.

또한 파워포인트에서는 단어를 두어 개 연결하는 개조식으로 메시지를 표현하기 일쑤여서 적확한 메시지 전달이 어렵다. 청중을 이해시킬 수도 설득할 수도 없다.

무엇보다 생각을 탄탄하게 하는 과정을 생략한 채 파워포인트부터 열고 보는 습관은 사고의 숙성을 기대하기 어렵다는 큰 문제점을 포함한다.

파워포인트를 열기 전에 저널부터 쓰기

보고할 내용에 관한 생각들을 머릿속에서 끄집어내 검토하고 논리를 다듬는 과정에서는 파워포인트 파일이나 보고서 템플릿 파일을 여는 대신 저널 쓰기부터 하기를 권한다.

저널 쓰기를 통해 부족한 부분을 보완해가며 아이디어를 완성하고 나서, 상대가 수긍하고 납득할 수 있도록 내용을 구조화할 때 파워포인트를 사용하는 것이 좋다. 그만큼 저널 쓰기는 머릿속 생각을 정리하고 완성하는 데 더없이 훌륭한 도구다.

06

창의력 전도사 폴 로머 교수가 강력 추천하는
창의력 향상 기술

창의력 향상을 위한 글쓰기

디지털 경제에서는 지식을 기반으로 창조와 혁신에 기여하는 아이디어를 생산하는 능력이 가장 환영받는다. 그러므로 창의적인 아이디어를 낼 수 있는 사람은 어디에서든 주인공이다.

"스타벅스 커피는 그란데, 톨, 벤티 세 사이즈로 서비스되는데, 이들 뚜껑의 사이즈는 다 같다. 이 간단한 아이디어 하나로 재고와 물류 관리의 효율화를 꾀하고 소비자에게 빠른 서비스를 제공한다. 또한 소비자는 그만큼 싼 값에 서비스를 받는다. 이것이 생산성 향상의 이유다."

이렇게 말하는 미국 뉴욕대학의 폴 로머 교수는 세계가 알아주는 경제학자이며, 창의력 전도사다. 그는 생산성을 향상하기 위한 방법으로 글쓰기를 제안하며, 경제학계에 엉성한 글쓰기가 엉성한 사고를 낳는다는 비난을 던지기도 했다.

폴 로머 교수는 글쓰기를 통해 머릿속에서만 맴돌던 모호한 생각을 구조적으로 정교하고 치밀하게 만들 수 있으며, 창의력 또한 다방면에 걸친 책 읽기, 글쓰기와 같은 기본기를 갖춘 뒤에야 가능하다고 주장한다.

쓰지 않으면 생각하는 것이 불가능하다

"나는 18년째 저널을 써왔어요. 머릿속에 아이디어를 플랜팅하는 거죠."

60년 역사를 지닌 디자인 올림픽 레드닷어워드에서 단골로 금메달을 따는 카이스트 배상민 교수가 밝히는 창의성과 통찰력의 뿌리는 저널 쓰기다.

당장 떠오르지 않거나 풀지 못하는 아이디어는 문제나 메모 상태로 머릿속에 이식하는데, 그러면 어느 순간 문제가 해결되고 아이디어가 떠오른다고 한다. 창의력 향상에 기여하는 저널 쓰기의 위력을 익히 경험한 그는 카이스트 신입생들에게 평생에 걸쳐 아이디어를 보급해주는 창고創庫가 되어줄 저널부터 쓰라고 권한다.

"'만약 ~라면(What if)'이라고 생각해보고 계속 꿈을 꾸는 거죠. 나는 20대에 디자이너를 처음 시작할 때부터 '내가 스타벅스를 디자인하는 총책임자라면?' 하고 생각했답니다."

'스스로 묻고 스스로 쓰기' 이렇게 쓴 저널이 23권이나 된다. 그에게 저널은 생각하기 그 자체다.

"저널에 기록된 내용 중 99%는 정답이 아니다. 내가 깊이 묻고, 깊이 생각하고, 깊이 답한 기록이다."

머릿속에서 마구잡이로 떠오르는 생각을 특정한 주제를 프레임으로 삼아 그 안에 담아 펼쳐 보는 것이 저널 쓰기다. 저널 쓰기는 쓰면서 생각을 다듬어가고 깊이 있게 파헤치며 연결하고 만들어내는 생각 작업에 대한 이름이다.

이런 작업이 가능한 능력을 창의력이라고 부르지 않던가. 아이디어로 승부하는 시대에 가장 요구되는 속성은 스피드다. 경쟁자 모르게 탁월한 아이디어를 발상하고 경쟁자 모르게 이를 실행하여 가치를 창출하는 일을 초스피드로 진행하려면 머릿속 생각공장의 마력이 뛰어나야 한다. 마력을 높이는 데는 쓰기만 한 도구가 없다.

저명한 대학과 기업들에서 선발과 교육을 글쓰기 중심으로 하는 이유가 바로 쓰지 않으면 생각하는 것이 불가능하기 때문이다.

07

저널 쓰기,
머릿속 일머리 용량을 극대화하는 연습

4차 산업혁명에 대응할 핵심경쟁력은 기초지력

요즘은 번뜩이는 한 줄의 문장이 대세인 시대다. 하지만 정말 중요한 생각은 그리 순간적으로 탄생하지 않는다. 필요한 순간에 적절한 아이디어를 떠올리려면 머릿속에 부유하는 생각들, 머릿속을 들고 나는 기억들, 머릿속 어딘가에 쟁여놓은 자료들을 들추고 연결하며 생각을 완성시켜야 한다. 그러나 반짝이고 번뜩이는 것에 주의가 산만해지는 집중력으로는 어림도 없다.

언론에서는 연일 '4차 산업혁명'에 관해 보도를 하지만 일반인들에게 이 개념은 너무 어렵다. 대체 무엇을 어떻게 대비하고 준비해야 할는지 답답하다. 마침 카이스트 정재승 교수가 한 인터뷰에서 조언한다.

"기술이 급속도로 변화하면서 2, 3년 뒤의 미래를 예측하기조차 어렵다. 4차 산업혁명 대응의 단기적 전략과 적응력은, 역설적으로 장기 관점의 기초 실력에서 나온다. 세상이 어떻게 바뀌든 핵심경쟁력은 사람들의 생각하는 능력, 즉 기초지력에 있다."

두뇌의 기초지력이 탄탄해야 변화에 휩쓸려 가지 않고 인공지능의 파고도 거뜬하게 넘을 수 있다는 얘기다. 정재승 교수는 기초지력이란 논리적 추론과 맥락적 이해, 비판적 사고, 창의적 사고 등을 바탕으로 한 문제해결 능력, 깊이 있는 자아성찰과 철학적 사고가 가능한 지적 능력이라고 설명을 보탠다.

이러한 기초지력을 형성하는 고차원의 사고행위에는 높은 수준의 워킹 메모리가 필요하다. 머릿속에 위치한 넓고 편한 생각작업대 말이다.

이 생각작업대에서는 새로운 지식과 기존에 기억하고 있던 배경지식, 문제해결에 필요한 적절한 순서나 방식과 같은 지식을 한꺼번에 끄집어내놓고 이를 연결하고 조합하는 등의 수준 높은 생각의 작업이 진행된다. 생각작업대가 크면 클수록 이 작업이 더욱 효율적으로 진행될 터. 쓰기라는 행위는 생각작업대를 넓혀주는 매우 효과적인 방법이다.

하버드대학이나 MIT 공대가 글쓰기 교육에 매달리는 이유

뭔가를 쓴다는 것은 머릿속의 것들을 바깥으로 끄집어내 보이게 하는 것이고, 생각을 눈에 보이는 상태로 만들어두면 정리하고 파악하고 구성하고 조직하는 작업을 수행하기에 더없이 효율적이다. 생각의 파편들이 사라질까 걱정하는데 주의력과 에너지를 낭비하지 않아도 되니 작업속도가 훨씬 빨라진다.

이런 식으로 뇌가 작업속도를 높여가다 보면 생각작업대도 저절로 넓어질 게 분명하다. 또 글을 쓸 때 뇌는 기억 저 안쪽에 저장된 단어나 의미들의 창고를 찾아 들어가 글로 쓰려는 내용에 적합한 것들을 골라낸다. 자주 글을 쓰면 이런 작업이 자주 일어나게 되고, 결과적으로 생각작업대가 넓어진다. 워킹 메모리가 늘어날 수밖에 없다.

이런 이유로 사고의 고수들은 생각을 정리하기 위해 글을 쓰고, 쓰면서 생각한다. 하버드대학이나 MIT 공대 등 세계적인 대학들이 강박적으로 글쓰기 교육에 매달리는 이유도 사고력을 계발하는 데 글쓰기만 한 수단이 없음을 알기 때문이다.

08

인생 디자인 수업에서 가장 강조하는 것은

일기 쓰기, 생각의 타래를 풀어주는 훈련

빌 버넷과 데이브 에번스 교수가 진행하는 스탠퍼드대학 디자인 스쿨의 '인생 디자인 수업'에서 가장 강조하는 것은 최고의 의사결정을 하려면 높은 분별력을 가져야 한다는 것이다. 이를 위해서는 감정적·직관적·정신적으로 지식을 습득하는 방법을 발전시키고 성숙시켜야 하는데, 그 최고의 방법이 저널 쓰기라고 한다.

저널 쓰기로 지적 역량을 극대화한 대표적인 주자가 있으니, 퇴임 후 인기가 더 치솟은 버락 오바마 전 미국 대통령이다. 그는 이렇게 말한다.[36]

---

36 미국 〈타임〉지 인터뷰. 2012년 〈뉴욕타임스〉 인터뷰 기사를 인용한 국내 기사들 다수에서 인용.

"일기 쓰기, 생각의 타래를 풀어주는 훈련이었다."

오바마는 백악관 생활 8년간을 버틸 수 있었던 것은 독서와 일기 쓰기 덕분이라고 한다. 그는 어린 시절부터 평생 일기를 써왔는데 일기는 그에게 조련사였고, 친구였고, 동료였으며, 든든한 참모였다고 고백한다.

"지금도 노트에 뭔가를 기록하고 저널을 쓴다. 내 인생에서 글쓰기란 내가 믿는 것, 내가 보는 것, 그리고 내가 가치 있다고 여기는 것들을 보다 명확하게 하는 훈련이다. 어지럽게 뒤엉킨 생각의 타래를 조리 있는 문장으로 풀어내는 과정에서 스스로에게 더 어려운 질문을 던지게도 된다."

퇴임 후 회고록을 내기 위해 섬으로 들어간 오바마 전 대통령은 백악관에서 쓴 저널을 토대로 회고록을 쓸 것이라고 한다.

모닝저널, 아침마다 머릿속 족쇄 풀기

미국 프린스턴대학 팀 페리스 교수는 세계적인 석학과 작가, 혁신 기업을 세운 창업가와 CEO, 크리에이티브 디렉터, 협상가, 슈퍼리치, 아티스트, 전문직 종사자까지 자기 분야에서 정상에 오른 사람들을 일일이 탐색하여 성공 비결을 추려냈다. 각 분야의 거인인 그들은 대부분 아침에 저널을 쓴다.

팀 페리스 교수가 알아낸 바로는 그들은 현재 처한 상황을 정확히 파악하는 데 도움을 얻기 위해, 또 원숭이처럼 날뛰는 정신을 종이 위에 붙들어놓기 위해 아침마다 저널을 쓴다.

페리스 교수가 보기에 모닝저널은 가장 가성비 뛰어난 심리치료법이다. 그들이 매일 아침 저널을 씀으로써 얻게 되는 이익은 문제를 깔끔하게 해결해 준다기보다 혼란스러운 생각들을 차분히 내려놓는 데 있다고 그는 증언한다. 하루 종일 머릿속을 산만하게 만들 수 있는 것들을 사전에 *끄집어내 바라보는* 것만으로도 머릿속 생각의 족쇄를 풀 수 있다는 것이다.

09

머릿속을 워밍업하는 기술, 모닝페이지 쓰기

매일 아침 잠자는 생각공장을 깨워라

조선시대, 왕자들을 교육한 시강원에서는 아침이면 평소에 좋아하는 글귀를 소리 내어 읽거나 암송하게 했다고 한다. 머릿속 잠자는 생각공장을 깨우기 위함이다. 머릿속 엔진도 최고의 역량을 발휘하려면 워밍업이 필요하다.

피아니스트가 손가락을 풀듯, 운동선수가 스트레칭으로 몸을 깨우듯, 머릿속이 의도대로 제대로 돌아가게 만드는 머릿속 워밍업 기술, 모닝페이지 쓰기를 소개한다.

앞에서 언급한 세계적인 거인들이 매일 아침 쓰는 저널과는 좀 다른 내용이다. 모닝저널이 특정한 생각에 대해 쓰는 것이라면 모닝페이지는 두서없이 뭔가 씀으로써 머릿속 엔진을 웜업하는 데 비중을 둔다.

줄리아 카메론은 소설가이자 시인이며 시나리오작가에다 TV 프로듀서, 영화감독이다. 능력 있는 커리어 우먼이었으나 이혼 후 심한 우울증을 앓았다. 그녀가 우울증의 길고 깊은 터널을 빠져나오도록 도운 것은 매일 아침 빠짐없이 반복한 저널 쓰기다.

"아침에 일어나자마자 글을 쓴다. 생각나는 대로 아무것이나 쓴다. 내용은 중요한 것이든 하찮은 것이든 상관없다. 기준도 형식도 양식도 없다. 그저 매일 아침 맨 먼저 이 일을 하기만 하면 된다. 단, 쓸 게 없으면 '쓸 게 없다!'는 한 줄이라도 써야만 한다."

저널 쓰기를 통해 우울증에서 벗어난 줄리아 카메론은 "굳이 의사를 찾아가지 않아도 됐다."며 우울증에 종지부를 찍었다.

모닝페이지 쓰기 : 무엇이든, 자유롭게

매일 아침 일어나자마자 거의 무의식의 상태에서 뭔가를 끄적거려 보자. 내용? 상관없다. 분량? 딱히 제한 없다. 문장력? 신경 쓰지 않아도 된다. 무엇이 됐든 무조건 쓰고 보기가 모닝페이지 쓰기의 핵심이다.

이 과정에서 일상을 통해 머릿속에 입력되었으나 저 밑바닥에 가라앉아 있는 다양한 생각들과 기억, 정보들이 끌려 올라오고 생각 공장이 제 속도로 돌기 시작한다.

베껴쓰기

책을 읽으며 밑줄 친 내용이나 잘 썼다 싶은 생각이 드는 신문칼럼을 베껴쓰면 잠에서 막 깬 생각공장이 서서히 시동을 건다. 의미있는 내용을 일일이 옮겨 적는 베껴쓰기는 글 속 내용을 뇌에 새기는 효과도 탁월하다.

베껴쓰기를 하면 언제든 꺼내 쓸 수 있는 상태로 입력되는데 이렇게 입력된 자료는 머릿속 생각공장이 제 몫을 다하도록 그때그때 필요한 재료를 보급하므로 매우 유용하다.

매핑

다양한 방식으로 입수하여 메모나 밑줄 긋기로 남은 정보들을 진행 중인 계획이나 파일, 블로그에 정리하는 작업도 이른 아침 두뇌를 깨우는 데 도움이 된다. 메모한 내용을 파악하고 기존의 생각이나 작업을 떠올려 매핑하는 작업은 곧바로 몰입을 부를 만큼 머릿속 워밍업 방법으로 탁월하다(135쪽 참고).

10

머릿속을 펌핑하는 비밀문구 한 가지
: 어떻게 하면 ~할 수 있을까?

저널 쓰기 : 아이디어 발상을 위한 도구

엔지니어들은 새 엔진 개발을 명한 포드 회장에게 V-8 엔진 개발이 불가능한 수학적·물리학적·경제학적 이유를 조목조목 설명했다. 그러나 포드는 물러서지 않았고 과제를 바꿔 답을 요구했다.

"V-8 엔진을 만들기 위해 나는 제일 먼저 무엇을 해야 할까를 쓰시오."

이렇게 생각의 테두리를 정해주자 기대하지도 못했던 그러나 바라마지 않던 답이 나왔다. 결과적으로 자동차 기술 역사에 V-8 엔진 개발이라는 성과를 기록했다.

저널 쓰기는 이처럼 문제해결을 위한 아이디어를 발상할 때도 매우 유용한 방법이다. 아이데이션을 위한 저널 쓰기는 주제를 잡는 일이 거의 전부인데, 이때 질문을 사용하면 주제 잡기가 수월하다.

다양한 사례로 알려진 것처럼 올바른 질문을 하면 답은 저절로 찾아진다.

HMW : How Might We~?

그러나 생각보다 질문하기가 쉽지 않은데 흔히 하듯, '문제가 뭐지?' 하는 식의 질문으로는 문제해결의 아이디어를 생각해낼 수 없다.

최고의 혁신가들은 창의적으로 머릿속을 펌핑하기 위해 비밀문구를 사용한다. 이 문구로 질문하면 창의성이 폭발한다고 한다. 우리도 이 문구를 사용하여 질문해보자. 이 문구는 바로 '어떻게 하면 ~할 수 있을까?(HMW : How Might We~?)'이다.

이 문구는 1970년대에 P&G에서 개발하여 사용했고 이어 구글, 페이스북 등 창조적 기업들이 창의적 발상에 활용해왔다. 세계적인 디자인 기업 아이데오도 이 질문으로 세상에 없던 발상을 끌어낸다고 한다. 카이스트대학 배승민 교수도 '어떻게 하면 ~할 수 있을까?'를 입에 달고 산다.

11

일리 있게 조리 있게,
머릿속에 지름길 내기

논리적 장애물을 끝없이 뛰어넘으며 앞으로!

어떤 비즈니스가 '제2의 우버'라는 표현으로 일컬어지면 그 사업은 보나마나 창의적이다. 이 말은 우버의 창업자이자 CEO인 트래비스 칼라닉이 얼마나 창의적인가를 강조하는 말이기도 하다. 그는 문제해결사로 불리는 것을 좋아한다.[37]

경쟁을 유발하고 치열하게 만들어 각자 능력을 최대한 발휘하게 하고 단점을 상호 보완하여 문제를 저격하는 해결사로서의 자질을 발휘할 때 그는 가장 신이 난다. 문제해결사로 활약하는 과정에서 그가 가장 중요하게 여기는 것은 논리다.

논리를 점검하는 과정에서 그가 지표로 삼는 것은 데이터. 가령

---

37 〈포브스 코리아〉 2017년 2월호 기사를 참조했다.

그는 모바일 어플리케이션 론칭을 준비할 때는 개별 기능에 대한 실제 데이터를 하나하나 짚어가며 논리를 점검한다. 온갖 수치, 온갖 도표를 훑으며 전제가 맞는지 물어보고 검증을 요구한다. 반드시 해결해야 하는 논리적 장애물을 끝없이 뛰어넘으며 우버를 앞으로 나아가게 하는 것이 자신의 역할이라고 믿는다.

창의성의 상징인 기업가가 논리를 가장 중시한다는 것은 창의와 논리가 전혀 다른 맥락인 줄 아는 이들에겐 의외일 수 있다. 그러나 어떤 아이디어도 논리로 탄탄하게 다듬어지지 않으면 실현될 수 없다. 실현될 수 없으니 가치도 없다. 가치를 끌어내지 못하는 아이디어는 아무리 창의적이어도 그것으로 그만이다. 창의적 생산성에는 논리가 기본이다. 논리가 서지 않으면 어떤 창의도 생산성에 기여하지 못한다.

프레임워크 : 머릿속에 지름길 내기

머릿속 생각공장에 GPS가 달려 있어 매번 한달음에 목적지에 다다를 수 있다면 얼마나 좋을까? 어떤 생각이든 척척 잘해내는 이들은 꾸물대지 않는다. 그리 오래 뜸 들이지 않는다. 필요하다 싶은 순간에 바로바로 필요한 생각을 끌어낸다.

생각하기가 업인 컨설팅회사의 컨설턴트들은 돈이 되는 생각을 습관적으로 수행하는 이들이다. 이를 위해 교육과 훈련으로 생각하는 습관이 몸에 배게 만드는데, 이러한 노력 끝에 맥킨지의 경우 입사한 지 2년째가 되면 어떤 문제와 맞닥뜨려도 스스로 생각하여 답을 제안할 수 있는 수준으로까지 논리력을 갖춘다고 한다.

이들은 사고의 낭비로 인해 지치는 일 없이 생각의 결과물을 만들어내도록 프레임워크라는 지름길을 먼저 익힌다. 직장인이라면 기획서를 쓰며 많이 다뤄봤을 'SWOT 분석'이니 '마케팅 4P 믹스 전략'이니 하는 것들이 프레임워크다.

프레임워크는 특정한 목적에 의한 특정한 결과를 만들어 내는 사고의 틀을 말한다. 프로세스를 구조화함으로써 사고의 낭비가 없게 하는 기특한 도구다. 컨설턴트처럼 특정한 프레임워크를 활용하면 최소한의 실행으로 최대한의 결과를 끌어내는 사고가 가능하다.

저널 쓰기는 깊이 있게 효율적으로 머릿속을 정리하는 데 편리한 도구지만, 저널 쓰기에 이르는 과정은 그리 녹록치 않다. 이때 머릿속에 지름길을 내도록 프레임워크를 활용해보자.

여기, 쉽고 빠르게 저널 쓰기가 가능하도록 돕는, 그리하여 일리 있고 조리 있게 머릿속을 정리하고 의미 있는 메시지로 만들어내는 프레임워크를 세 가지를 소개한다.

'2W1H' '3F' '오레오OREO 메소드'라는 이름의 이 프레임워크는 다른 이에게서 배워 내 것인 듯 써먹었거나 내가 10년 전부터 개발하여 사용하는 것으로, 많은 사고력 계발 프로그램을 통해 효과가 검증된 것이다.

이 프레임워크로 머릿속에 지름길을 내면 쓰면서 생각하기뿐 아니라 일리 있고 조리 있게 말하는 능력까지도 얻는다. 쓰기를 내면화하면 쓸 때뿐 아니라 말할 때에도 문자로 쓰는 것처럼 말하게 되기 때문이다.

머릿속 만능 지름길 3가지
: 무엇이든 2W1H 프레임워크

2W1H 프레임워크

생각의 결과물은 그게 무엇인지, 그래서 이제 뭘 어떻게 해야 하는지, 그리고 그 모든 것은 왜 필요한가를 담고 있어야 한다. 그래야 빨리 공유가 가능하다. 이 세 가지 요소를 담은 것을 2W1H 프레임워크라 한다.

> **2W1H**
>
> What _ 무엇에 관한 것인가?
> Why _ 왜 그래야 하는가?
> How _ 어떻게 하면 되는가?

What(무엇에 관한 것인가?) ―Why(왜 그래야 하는가?) ―How(어떻게 하면 되는가?)로 구성된 2W1H 방식은 어떤 내용이든 사고를 만들어내고 표현할 때 가장 간단하고 가장 핵심적이면서도 거의 완벽한 결과를 만들어내는 프레임워크다.

특히 커뮤니케이션에 필요한 내용물을 만들어낼 때 더 없이 유용한 도구다. Why로 일의 방향을 잡을 수 있고, What으로 필요한 아이디어를 끌어낼 수 있다. 또한 How로는 아이디어를 어떻게 방향성에 맞게 구현할 것인지 구상할 수 있다.

2W1H 방식으로 머릿속을 정리하는 습관을 들이면 애매하고 모호한 머릿속 생각이 구체적으로 변환되면서 선택과 집중, 그리고 버려야 할 것들이 저절로 구분되어 사고의 낭비를 줄일 수있다.

2W1H(예시)

What _ 관찰은 카메라보다 육안으로 하는 것이 좋다.
Why _ 더 잘 더 오래 기억하기 위해 더 자세히 보기 때문이다.
How _ 제대로 관찰하려면 육안으로 보고 그것에 대해 글로 써보자.

글을 쓰고 책을 쓰며 강의를 하고 코칭을 하는 나는 늘 2W1H 방식으로 머릿속을 아이디어를 메시지를 정리하고 표현하고 전달하는 초안을 만들어낸다.

2W1H 프레임워크로 포매팅된 파일을 열어 그 위에 칼럼을 쓰고, 블로그를 쓰고, 메일을 쓰고, 보고서를 쓰고, 제안서를 쓰며 강의 자

료를 만든다.

2W1H 방식으로 머릿속을 정리할 때 항목마다 3개의 안을 끄집어낸다. 억지로 억지로 항목마다 3개씩 쓰려고 노력하다 보면, 그 과정만으로도 사고가 여물어간다. 그리고 처음 꺼내 놓은 생각이 대개는 설익은 것임을 알게 된다.

오레오OREO 메소드

오레오 메소드[38]는 말하자면 2W1H 방식의 심화과정이다. 2W1H 프레임워크에서 끌어낸 무엇을, 왜, 어떻게 하면 되는지에 대한 핵심 내용을 보다 설득력 있게 서술하는 데 적합한 프레임워크다.

오레오 메소드는 결론부터 드러내고 결론을 끌어낸 배경을 논리적으로 어필함으로써 결론에 동조하게 만들며 사례로써 결론에 설득력을 더하는 짜임새 있는 메시지 구성이 가능하다.

오레오 메소드는 **O**pinion(의견)-**R**eason(이유)-**E**xample(사례)-**O**pinion(의견 재강조)라는 네 개의 항목으로 구성된다. 독자에게 명확하게 메시지를 제시하고 동기부여와 구체적인 방법론까지를 더하여 체계적으로 구성한 완성도 높은 프레임으로 어떤 경우든 누구든 설득이 가능한 프레임워크다.

---

38 이전의 책들에서 오레오 메소드를 A4 프레임워크라 불렀다. Appoint-reAson -Arguement-Appoint의 4줄 프레임으로 구성했기 때문이다. 비록 표현은 다르지만 각 줄에서 담는 내용이나 전체 구성은 O-R-E-O와 같다.

오레오(OREO) 메소드

> Opinion _ 의견을 주장한다.
> Reason _ 주장하는 이유를 댄다.
> Example _ 사례를 제시한다.
> Opinion _ 의견을 재차 강조한다.

오레오 메소드를 활용하면 가령 다음과 같이 일리 있게 조리 있게 머릿속 정리가 가능하다.

오레오 메소드(예시)

> Opinion _ 관찰력을 기르려면 눈으로 보이는 것을 일일이 글로 쓰면 좋다.
> Reason _ 왜냐하면 보이는 것을 글로 쓰려다 보면 자세히 보게 되기 때문이다.
> Example _ 스탠퍼드대학 티나 실리그 교수는 학생들에게 관찰 습관을 들여주기 위해 1시간 동안 산책하며 보고 들은 것을 기록하라는 과제를 자주 내준다.
> Opinion _ 관찰력을 기르려면 소설가 무라카미 하루키처럼 여행을 가서도 사진을 찍기보다 여행 소감을 글로 쓰면서 관찰한 것을 내면화하는 것이 좋다.

3F 프레임워크

2W1H와 오레오 메소드가 설득을 목표로 하는 머릿속 정리도구라면 3F는 공감하기를 목표하는 프레임워크다. 주로 자신의 체험을 이야기하고 의미를 공유하려 할 때 쓰인다.

'부담 없이'라는 명분으로 개별적인 체험을 늘어놓다 보면 혼자 좋아서 떠들거나 자랑에 그치기 일쑤. 여기에 생각과 느낌을 더하면 공유할 만한 의미와 공감할만한 가치가 생겨난다.

3F는 사실(Fact-이런 체험을 했다), 느낌(Feel-이런 생각, 느낌을 가졌다), 발견(Find-이런 의미와 가치와 메시지를 발견했다)로 나누어 생각을 정리하기에 적합한 프레임워크다. 3F 프레임워크를 하면 개인의 체험이나 자기 안에 갇혀버리기 쉬운 혼자만의 생각을 공유할 만한 생각으로 바꿔준다.

3F 프레임은 심플한 틀이지만 단편적인 생각, 개별적인 체험을 공유할 만한 이야기로 만들어가면서 깊게 생각하고 넓게 생각하는 습관을 기르게 된다.

3F 프레임

Fact _ 사실 : 이런 체험을 했다.
Feel _ 느낌 : 이런 생각, 느낌을 가졌다.
Find _ 발견 : 이런 의미와 가치와 메시지를 발견했다.

종이 위에 프레임 만들기

나는 프레임워크를 활용하여 머릿속을 정리할 때 말 그대로 종이
에 프레임을 만든다. 칸을 하나하나씩 메워가며 생각을 정리한다.
빈칸을 하나씩 메워가다 보면 부족한 것이 눈에 확연히 드러나고
그 부분을 더 탐구하여 메우기를 반복한다.

칸 그리기는 뇌를 부려먹기 딱 좋은 방법이다. 칸이 비어 있으면
뇌가 빈 칸을 메우고 싶어 안달하기 때문이다.

프레임워크를 활용하여 머릿속을 정리할 때는 가급적이면 손으
로 종이 위에서 하는 것이 좋다. 손으로 쓰는 행위를 통해 머릿속의
것을 눈에 보이는 형태로 조작이 가능한 상태로 만들면, 그래서 각
각의 항목을 자유자재로 가지고 놀다 보면 생각공장이 더욱 활발하
게 돌아간다. 손과 눈을 활용하면 문제에 대해 탐구하고 해결하는
과정이 강화된다.

● 13

머릿속 다이어트가 저절로 되는
매일 저널 쓰기

기초지력 단련, 매일 1,000자 저널 쓰기

저널 쓰기는 머릿속에 아직 아이디어 씨앗으로 존재하는 생각의 파편들을 근사한 아이디어로 만들어내는 탁월한 연습 방법이다. 하지만 어쩌다 한 번씩 생각날 때 시도해보는 것으로는 효과를 보기 힘들다.

운동선수가 매일 기초체력을 단련하듯 매일 저널을 쓰며 머릿속 생각을 일리 있고 조리 있게 정리하는 기초지력을 길러보자. 매일 1,000자 저널 쓰기를 해보자.

무엇을 쓸까

무엇에 대해서든 쓴다. 내면의 안테나에 걸려들어 신경을 쓰게 만드는 것에 대해서라면 빠뜨리지 않고 쓴다. 메모한 것에 대해 메모

206 내 머릿속 비우기

를 정리해둔 파일을 뒤지다 주의를 끄는 것에 대해 쓴다. 그냥 지나치지 않았다는 것은 의식 저 밑바닥의 뭔가를 건드렸기 때문이니 저널 쓰기로 머리 밖으로 뭔가를 끄집어내보자. 그러면 당신의 무의식이 무엇에 관심을 두는지 알 수 있다.

하나의 주제에 대해서만 저널 쓰기를 하면 주제에 대한 전문적인 소양이 길러지면서 생각의 폭과 깊이가 늘어나는 이중의 효과를 얻을 수 있다. 일상에서 보고 듣고 느끼는 것에다 해당 주제를 연결하는 저널 쓰기를 할 수 있다면 창의성은 저절로 길러진다.

이런 식으로 하나의 주제에 쓰면서 생각하기로 매달리다 보면 자신만의 이론을 만들게 되고, 매일의 저널 쓰기로 자신만의 이론을 설명하고 설득하려 애쓰다 보면 논리력 추론력, 설득력과 같은 고차적 사고력이 저도 모르게 계발된다.

어디에 쓸까

장문의 글을 손으로 쓰는 데 부담이 없다면 손글씨로, 두어 줄 넘어가면 손글씨가 불편하다면 타이핑으로 쓴다.

에버노트처럼 모바일과 호환되는 PC 어플리케이션이나 페이스북 같은 SNS 포털사이트에서 무료로 제공하는 인터넷 카페나 블로그 등, 어디에서든 손에 익어 편한 방법으로 쓰면 된다.

1,000자 저널 쓰는 요령

저널에는 하나의 주제를 담는다. 서술형으로 쓰되 완전문장으로, 주제문장을 가진 단락을 갖추어 쓴다. 분량은 A4 한 장 이내로 쓴다. A4 한 장으로 분량을 제한하는 것은 저널을 좀 더 창의적으로 쓸 수 있기 때문이다. 분량이 제한되면 핵심이 무엇인지 우선 생각하게 되고, 불필요한 것을 없애고 꼭 필요한 것을 응축하여 표현하는 습관을 기를 수 있다. 또 A4 한 장은 한눈에 하나의 주제를 충분히 설파할 수 있는 최대의 분량이다.

절대규칙 – 성찰하지 않으면 저널이 아니다

저널 쓰기 연습법을 소개하면 열에 아홉은 되묻는다. 저널 쓰기와 일기 쓰기는 무엇이 어떻게 다른가!

'일기 쓰기'가 하루 중 있었던 일을 나열하는 수준이라면, 저널 쓰기는 하루 중 의식을 지배한 하나의 주제에 대해 성찰하며 생각을 정리하여 쓰는 것을 말한다.

'저널'은 일기나 블로그에 쓰는 일상 이야기와 유사하지만, '특정 주제에 대해 성찰한 내용을 일리 있게 조리 있게 서술한다'는 점이 다르다.

저널 쓰기는 성찰을 토대로 한 일기 쓰기다. 성찰하지 않고 쓰면 저널 쓰기가 아니다. 일기 쓰기처럼 저널 쓰기 역시 개인적이고 내면적인 내용이지만 생각과 감정과 느낌이 정리정돈되어 표현되었으므로 (만일 공개한다면) 읽는 이에게 간접적으로 성찰하는 기회를 제공한다.

매일 1,000자 저널 쓰기로 '좋아요' 받기

규칙에 따라 저널 쓰기를 거듭하면 하나의 생각을 아이디어로 벼려가는 기술에 능숙해진다. 그러나 저널은 어디까지나 아이디어의 초안. 아직 다른 이에게 공개하기 전의 '생각'이다.

혼자 하는 생각은 아무리 근사해도 몽상이거나 백일몽에 그치기 쉬운 법. 다른 이와 공유하여 의미와 가치를 함께할 때 생각의 마침표를 찍고 아이디어로 거듭난다.

쓰면서 생각한, 생각을 서술한 '저널'을 매체에 올려 공개하자. 누구나 읽고 싶고 읽기 쉽도록 내용을 수정하고 표현을 보완하자. 말쑥하게 정돈된 저널을 접한 이들이 다양한 댓글을 선물하거나 '좋아요'를 눌러줄 것이다. 그러면 당신의 머릿속은 이 긍정적인 피드백에 힘입어 더 힘차게 일하려 할 것이다.

매일 저널 쓰기 하다 보면 얻게 되는 것들

매일 1,000자 저널 쓰기를 규칙으로 정하여 습관을 들이면 나날이 창의성이 발전한다. 미국 뉴욕주립대학 심리학과 교수이자 작문 연구가인 로버트 보이스는 정기적으로 매일 글을 쓰면 쓰고 싶을 때만 글을 쓰는 것보다 새로운 생각도 잘하게 되고 글로 쓴 분량도 2

배나 된다고 알려준다.

정기적으로 계획된 쓰기는 즉흥적인(글쓴이가 쓰고 싶다고 느꼈을 때) 쓰기보다 훨씬 의미 있고 가치 있다는 얘기다. 보이스 교수는 '잘 쓰려면 많지 않은 양을 매일 규칙적으로 쓰라'고 추천하는데, 저널 쓰기가 생각하기는 물론 글쓰기를 잘하게 하는 최고의 연습법임을 확신하게 하는 조언이다.

원고지 5장 쓰는 힘
: 머릿속 생각엔진을 강화하는 마력

상대가 집중하여 읽을 수 있는 시간과 분량에 맞춰라

일본의 유력한 문학상인 아쿠타가와상를 수상했다는 것보다 75세의 고령의 나이로 수상했다는 것이 더욱 이슈가 된 구로다 나쓰고 선생.

한 인터뷰에서 기자가 물었다.

"글 쓰는 작업은 컴퓨터로 하나요?"

그녀의 대답에 눈이 번쩍 뜨인다.

"70년째 종이에 쓴다. 젊을 때는 400자 원고지를 썼는데, 1,000자 정도는 한 장에 보지 않으면 흐름을 놓칠 수 있겠다는 생각이 들어 200자, 400자 원고지를 포기했다. 대신 30행에 34자씩 들어가는 1,020자 원고지를 고수하게 됐다."

문학평론가 정여울 님의 이야기도 들어보자.

"신문 글쓰기 같은 경우는 원고 분량이 8매, 6매 정도일 때가 많다. 내가 하고 싶은 얘기를 본격적으로 쓰려고 하면, 원고 매수가 거의 끝나 있기 일쑤. 그래서 3배 정도 글을 써놓고 그 초고를 3분의 1로 줄여간다. 그러면 글이 훨씬 좋아졌다. 글은 고치면서 좋아지는 것이기 때문이다."

매일 저널 쓰기로 사고하는 능력을 키워가는 방법은 그리 까다로울 것 없지만 분량을 1,000자 내외로 제한하여 쓰는 것에 많은 이들이 힘겨워한다. 원고지 5장, 즉 1,000자는 진지한 이야기를 할 수 있을 만큼 충분하면서도 상대가 집중하여 읽는 최대한의 시간이다.

반드시 1,000자만 써야 하나

블로그나 SNS, 이메일로 생각나는 대로 쓰곤 하던 이에게 이만큼만 써야 한다고 제한을 주면 누구든 하고 싶은 말이 무엇인지 생각하게 된다.

요점만 분명하게 전달하려고 애쓴다. 마냥 길게 써서는 쓴 대로 읽어줄 진득한 독자가 어디에도 없다. 대학입학 전형에서 중요하게 작용하는 교사추천서도 입시나 입사에서 더욱 비중이 늘어가는 자기소개서도 수능 전형의 하나인 논술시험 답안지도 1,000자 내외의 분량으로 제한된다.

저널 쓰기 분량을 하필 1,000자 내외로 못 박은 것은 메시지 전달에 유리하도록 생각을 콤팩트하게 전개하기 위해서다. 그래야 메시지를 전달받는 이들, 요즘 독자들이 그나마 읽어내기 때문이다.

독자의 입장에서 한 번, 한 호흡에 하나의 메시지를 전달받는 최적의 분량이 1,000자 정도다. 그리고 매일 1,000자 내외로 분량을 쓰다 보면 글을 좀 더 창의적으로 쓰게 되므로 더 의미가 있다.

한정된 분량에 생각을 적확하게 표현하려면 주제에 포커싱하여 틀을 지어 생각해야 하고, 단어 하나 문장 한 줄에도 심혈을 기울여 메시지를 담아내기 위해 연구하고 또 연구하는 등, 결과적으로 열렬한 사고를 하게 된다. 그 과정에서 보다 창의적으로 사고가 도약하기 때문이다.

결론을 말하자면, 매일 1,000자 내외의 저널 쓰기로 생각을 정리 정돈할 수 있는 습관을 들인다면 어떤 창의적인 사고도 어렵지 않게 해낼 수 있다. 그러니까 1,000자 저널 쓰기에 숙달되면 어떤 생각도 1,000자 내외로 일리 있고 조리 있게 전달할 수 있는 서술 능력과 습관을 갖추게 된다.

머릿속의 주인은 누구일까? 머릿속에서 가장 오래 살았으며 가장 큰 영향을 발휘하는 것은 '감정'이다. 특히 사업가들에게는 나쁜 결정을 유도해 회사에 치명적 결과를 끼치는 스트레스 상황을 어떻게 해결하는가가 그 어떤 판단력보다 중요하다.

머릿속을 교란하고 오작동을 부르는 버그들은 곰팡이처럼 볕을 쏘이고 바람을 통하게 하면 사라진다. 머리 밖으로 끄집어내 이름을 붙이고 들여다보면 저절로 소멸한다. 머릿속에 똬리를 튼 감정이라는 사각지대를 갈아엎는다. 연필과 종이라는 호미로.

머릿속 정리기술 5
디버깅

덜어내고 집중하라

근심이 생겨 너한테 털어놓을 말을

머릿속으로 굴리기만 해도 근심의 반은 사라지고,

미운 사람 욕을 너한테 하고 나면 미움이 사라지고 만다.[*]

— 박완서

* 큰딸인 호원숙에게 쓴 편지글 중에서(〈생활성서〉 2005년 2월호)

01

머릿속을 뒤집어
탈탈 털어버리고 싶을 때

시상식에 빗자루를 들고 나타난 교수

'양자광학의 아버지'라 불리는 미국 하버드대학 물리학과 글라우버 교수는 '빗자루 교수'로 더 잘 알려져 있다. 재미있고 기발한 연구를 골라 상을 주는 '이그노벨 상Ig nobel prize' 시상식에서 수년 동안 행사장의 휴짓조각을 쓸어왔기 때문이다.

그런 그가 2005년 노벨상을 타게 되자 사람들은 그가 이제는 손에서 빗자루를 놓으리라 짐작했다. 그러나 글라우버 교수는 노벨상 시상식에 빗자루를 들고 나타나 행사에 참석한 이들을 놀라게 했다. 그는 수상 소감에서 이렇게 말했다.

"저는 손에 든 빗자루를 계속 놓지 않을 겁니다. 이 빗자루가 저를 깨어 있게 했고, 일에 매진하도록 해주었으니까요. 이것은 제 영혼을 청소하는 빗자루입니다. 누구도 제 손에서 이 빗자루를 가져

갈 수 없습니다."

살다 보면 머릿속에 걸쳐진 쓸데없는 생각과 고민, 어중간하게 걸쳐 있는 정보들을 빗자루로 싹 쓸어버리고 싶을 때가 한두 번이 아니다. 얼마나 많은지. 그 속에 든 다양한 감정의 소용돌이를 멈추게 하려면 그 방법밖에 없다고 여겨지기 때문이다. 그래서 주부들은 속이 시끄러울 때 집 안 대청소를 한다. 쓸고 닦고 치우고 버리고 하면서 머릿속을 비워낸다.

빗자루로 하는 청소처럼 글쓰기도 오랜 시간, 치유 목적으로 활용되었다. 머릿속을 청소하는 수단이었다. 시인 바이런도 글로 마음을 비우지 않으면 미쳐버린다고 했다.

글쓰기로 감정을 다스리는 저널테라피

심리치료사들은 '저널테라피'라는 명칭의 '쓰기'를 정서조절의 도구로 활용했다.

앞에서 언급한 머릿속 정리기술인 '저널 쓰기'가 특정 주제에 대한 자신의 의견을 쓰면서 생각을 정리정돈하는 것이었다면, 심리치료에 활용된 저널은 감정을 표면으로 끌어내거나 명확하게 하기 위한 글이다.

그러니까 저널테라피는 글쓰기로 감정을 다스리는 치유 방법을 의미한다. 머릿속을 정리하는 핵심기술이자 수단이며 도구인 쓰기의 효과는 감정을 다스려야 하는 상황에서도 고스란히 적용된다.

쓰다 보면 무엇을 생각하는지 자각하게 되고, 언어의 힘을 빌려 표현하다보니 생각이 명료해지고 구체화되며, 쓰는 과정에서 하나의 생각을 돌이켜보고 신중하게 관찰하면서 파고들어 성찰하게 만들며, 이 과정에서 쓰기 전에는 알지 못했던 생각의 실체 혹은 그 이면을 발견하게 된다. 머릿속을 가득 채운 생각이나 정보, 관심사나 기억 등을 머릿속에 저장하지 않고 머리 밖에 보관하기 위해 활용할 때는 약간의 규칙이 적용되지만, 감정을 다스려 머릿속을 정리하는 저널 쓰기는 아무런 제한이 없다는 것이 특징이다.

무슨 감정이든 그것을 무시하거나 없애려 들거나 하는 대신 그냥 써보자. 누구에게 보일 이유가 없으니 문장을 잘 써야 한다거나 앞뒤가 맞아야 한다거나 하는 부담도 없다.

다음 글에서는 '쓰기'라는 빗자루로 감정을 다스려 머릿속을 정리하는 보다 구체적인 방법을 소개한다.

02

성공한 그들은 불안, 걱정, 두려움을
어떻게 처리했을까?

마라톤을 완주하는 데 가장 힘든 것은 무엇일까?

한 마라토너에게 기자가 물었다. 기자가 예상한 답변은 호흡이나 갈증에 관한 것이었다. 그러나 마라토너는 "신발 속에 굴러다니는 모래알만 한 작은 돌멩이가 가장 힘들었다."고 말했다.

머릿속에 자리 잡은 크고 작은 다양한 문제 해결을 위해 설계된 창의성 기계인 뇌를 엉망진창으로 만드는 원인들 가운데 우리의 관심을 끌지 못한 것이 있다. 감정의 영역이다.

많은 이들이 머릿속 생각공장이 주관하는 사고작업과 감정은 무관하다고 알고 있다. 하지만 감정은 머릿속 생각공장에 서식하며 창의기계의 기능을 좀먹는 치명적 바이러스다. 머릿속을 교란하여 그 사람을 사정없이 흔들어 젖힌다.

머릿속을 언제나 미니멀하게 정리해야 하는 이유는 한정되고 휘발성 강한 주의력을 보다 중요한데 투입하여 생산성을 높이기 위해서다.

기업들이 임직원의 감정관리에 비용과 시간을 투입하는 것도 감정의 영역을 생산성을 가로막는 중요한 원인으로 인식하고, 한정된 주의력을 감정과 다투느라 낭비하도록 둘 수 없었기 때문이다.

세계 일류기업들이 직원들의 감정관리에 돈 쓰는 이유

추락 직전의 비행기를 허드슨강에 내리게 하여 탑승 인원 155명의 목숨을 살린 체슬리 설렌버거 기장.

그의 이야기를 다룬 영화를 보면 기장이 항공안전위원회의 조사를 받는 과정이 나온다. 위기의 순간에 어떠한 의사결정을 했는가는 물론, 전날 술을 마셨는지 과로하지는 않았는지, 부부관계는 정상적인지까지 체크한다.

위중한 의사결정을 해야 하는 순간, 사람은 이성적으로만 생각하고 판단하는 게 아니기 때문이다. 관건은 부정적 감정이다. 머릿속에 똬리를 튼 부정적인 감정은 그냥 두면 둘수록 점점 더 부정적으로 변하여 의사결정 등 사고 과정에 치명적인 영향을 미친다.

머릿속 생각공장은 이성과 감정이 씨줄과 날줄로 교차하며 동력을 만들어낸다. 불안이나 두려움 같은 부정적인 감정은 이성적이고 고도의 사고를 관장하는 머릿속의 기능을 방해하여 충동조절에 문제가 생기거나, 문제해결 능력·의사결정 능력이 떨어지는 불상사를 초래하기까지 한다. 무엇보다 부정적인 감정은 그것에만 집중하게 만들고 그것과 싸우게 만들어 그러는 동안 머릿속은 급격하게 황폐해진다.

이러한 불편한 감정들을 어떻게 처리하느냐에 따라 머릿속 생각 공장의 생산성이 달라진다. 머릿속 한켠을 차지하면서 주의력의 상당 부분을 빼앗는 부정적인 감정을 털어내고 말리고 고슬고슬하게 간수하는 것이 머릿속 정리의 중요한 부분인 이유다.

이번에도 쓰기의 마법은 여지없이 작용한다. 보이지 않는 감정을 언어로 표현하여 눈으로 볼 수 있게 만드는 것이 쓰기의 마법을 활용한 머릿속 바이러스 처치의 핵심이다.

03

쓰다 보면 말끔히 정리되는 감정의 잡초밭

머리를 바쁘게 쓰면 감정조절에 영향을 주는가

　수학학원을 찾는 성인들이 부쩍 늘었다는 이야기로 책을 시작했다. 이유는 복잡한 머릿속을 말끔하게 정리하고 싶다는 것. 그렇다면 수학 문제를 풀면 정말로 머릿속이 정리될까?

　네덜란드의 한 연구진이 머리를 '바쁘게 쓰면 감정조절에 영향을 주는가'에 대한 연구를 했다. 실험 대상자들에게 부상당한 사람의 사진을 보여주는 등의 스트레스 상황을 연출하여 보여준 다음, 뒤로 갈수록 점점 어려워지는 수학 문제를 풀게 했다. 그리고 뇌 영상을 촬영하여 뇌의 활동을 관찰했는데, 뇌의 한 부분(대뇌피질)이 수학 문제를 푸는 데 관여하면 할수록 감정영역이 차가워지는 것을 발견했다.

　감정에 대해 생각할 겨를이 없으면 감정이 차분해진다고 결론을 냈다. 바쁜 꿀벌은 슬퍼할 틈이 없다는 말을 증명한 연구다.

《쥐라기 공원》을 쓴 소설가 마이클 크라이튼은 하버드대학 의대를 나온 수재다. 그런 그도 오랜 시간 공허함에 시달렸다고 하는데 엄격한 부모로부터 인정받지 못한 데서 오는 공허함이었다고 한다. 그가 선택한 해결방법은 저널 쓰기였다. 저널을 쓰며 마음과 감정을 다스렸다.

작가 베르나르 베르베르도 글쓰기 치료법으로 자신을 다스렸다. 그는 자신을 작가로 만든 것은 불안이었으며, 자신을 짓눌러온 원인 모를 불안감을 해소하기 위해 글쓰기를 택했다고 고백했다.

9·11 사태나 동일본 대지진, 미국을 휩쓴 허리케인 이후 엄청난 충격으로 피폐해진 정신세계를 다독이는 방법으로 정신과 의사와 상담사, 치료사들은 자신의 경험과 감정에 대해 글을 쓰며 털어놓기를 권했다.

시험 불안 해소하려면 10분 동안 쓰기

할리우드 배우 줄리아 로버츠와 아이돌 그룹 유키스 멤버인 동호는 촬영과 공연에 대한 불안을 다스리기 위해 뜨개질을 한다. 정교한 손놀림이 스트레스를 낮춰 정서를 안정시켜준다고 하는데, 손을 움직이면 뇌에서는 상황판단·감정조절에 관여하는 부분이 활성화되면서 스트레스에 반응하는 물질의 분비가 감소해 기분이 안정된다는 것이 의학적 논리다.

또 뇌는 한꺼번에 여러 활동에 집중하기 힘든 구조여서 손을 움직이면 다른 생각이 끼어들 틈이 없어지기 때문이기도 하다. 필사하기, 컬러링, 뜨개질과 마찬가지로 '손으로' 감정을 표현하는 글쓰기 또한 손놀림으로 긴장과 스트레스를 달래주는 '치료법' 중의 하나다.

수능처럼 중요한 시험은 문제를 푸는 과정에서 뇌에 과부하가 많이 걸린다. 만일 이때 문제를 잘 풀 수 있을까, 하는 불안을 껴안고 있다면 뇌는 불안을 누르기 위해 에너지와 주의를 소비하게 되고 그만큼 문제풀이에는 등한시하게 된다.

그래서 시험 전 불안한 마음에 대해 10분가량 글을 쓰면 불안, 두려움, 걱정 등으로 과부하에 걸린 뇌의 부담을 덜 수 있어 평소와 같은 마음으로 문제를 풀 수 있게 된다.

이에 대해 연구를 한 미국 시카고대학의 베일록 교수는 시험 직전에 초조함과 불안을 느끼면 이 감정들과 싸우느라 워킹 메모리가 작동하고, 이 상태로 시험을 치르면 워킹 메모리가 부족해져 시험에서 좋은 점수를 얻을 수 없다고 알려준다. 시험 직전 불안감을 글로 쓰면 워킹 메모리의 과부하를 방지할 수 있기 때문에 시험을 잘 치르는 것이라고 밝혔다.

04

해고 후 재취업의 기적을 부른
쓰면서 털어놓기

부정적 생각과 감정을 긍정 에너지로 바꾸는 글쓰기

대학을 졸업한 뒤 30년가량 회사를 위해 몸 바쳐온 50대 초반의 기술자 100명이 회사로부터 해고 통보를 받았다.

6개월 뒤 미국 텍사스대학의 페니 베이커 교수는 이들을 세 그룹으로 나누어 실험했다. A그룹에게는 해고된 것에 대한 가장 깊은 생각과 감정을 연속하여 5일 동안 한 번에 30분씩 쓰게 했다. B그룹에게는 같은 기간 동안 그들이 시간을 어떻게 보냈는지에 대한 내용을 쓰게 했다. C그룹은 아무것도 쓰지 않았다.

석 달이 지난 뒤, 아무것도 쓰지 않았던 C그룹의 5%, 해고된 느낌을 연속하여 5일 동안 쓴 A그룹의 27%가 직업을 얻었다. 다시 몇 달이 지나 자신의 생각과 감정에 대해 쓴 A그룹의 53%가 재취업에 성공했고, 다른 조건의 사람들은 18%가 재취업했다.

세 집단의 차이라고는 해고에 대해 감정과 생각을 쓰거나 쓰지 않았거나 한 것뿐이다.

연구를 마친 뒤 페니 베이커 교수는 해고에 대해 글을 쓴 사람들이 더 빨리 직업을 얻을 수 있었던 것은 노여움의 본성을 파악했기 때문이라고 밝혔다.

자신을 노엽게 한 일에 대해 생각과 감정 모두를 탐색했던 사람들은 이전 고용주에 대해 극단적인 적대감을 누그러뜨렸을 가능성이 더 높다는 것이다.

만일 그들이 해고에 대한 분노를 추스르지 못한 채 재취업 면접 자리에 갔다면 감정을 통제하지 못했을 공산이 크다. 자신이 해고된 것은 부당한 대우라고 어필하는 과정에서 면접위원에게 좋은 인상을 남기기가 힘들었을 것이라는 추측이 어렵지 않다.

반면 앞서 자신의 감정과 생각에 대해 쓰면서 해고된 사실을 받아들이고 노여움과 적대감을 누그러뜨린 상태에서 면접에 임함으로써 보다 긍정적인 평가를 받았으리라 짐작할 수 있다.

분노의 누에고치를 뚫고 나오는 쓰기의 힘

한 곤충학자가 어린 나방이 누에고치의 작은 구멍으로 빠져나오려는 것을 보았다.

그야말로 몸부림을 치는 어린 나방을 안타까워한 곤충학자는 고치의 구멍을 조금 뚫어주었다. 그러나 곤충학자 덕분에 수월하게 구멍을 빠져나온 어린 나방은 제대로 날지 못하고 죽어버렸다. 어린 나방은 작은 구멍을 빠져나오며 생명력을 갖게 되는데 외부의 도움 때문에 그 생명력을 못 얻었기 때문이다. 이 곤충학자는 파브르다.

누에가 자신의 입으로 실을 토해 고치를 만들고는 그 속에서 꼼짝달싹하지 않듯, 노여움과 분노 역시 스스로 토해낸 감정에 묶여 점점 더 큰 노여움과 분노의 탑을 쌓아간다. 그러는 동안 머릿속 생각공장은 어떤 의사결정도 판단도 생각도 할 수 없다. 개점휴업상태다.

고치 안에서 나방이 된 누에는 스스로 고치에 구멍을 뚫어 그곳을 나와야 한다. 마찬가지로, 두려움과 분노의 거대한 탑 속에 갇힌 이도 누에처럼 스스로 좁디좁은 구멍을 통과하여 탑에서 빠져나와야 한다.

쓰기라는 행위는 부정적인 감정이 만들어낸 감옥에 스스로 갇혀 더 많은 부정적인 감정을 쏟아내는 미련한 우리들에게 주어진 좁은 구멍과도 같은 비상구를 통과하도록 돕는 장치다.

면역력 좋아지는 '쓰면서 털어놓기'의 비밀

미국 텍사스대학 제임스 페니베이커 교수는 '털어놓기' 분야의 대가다. 어떤 이유에서든 생각이나 감정, 행동을 억압하고 금지하면 인체의 면역 체계, 심장과 내장계의 활동, 심지어 뇌와 신경계의 생화학 작용에 부정적인 영향을 준다.

이 과정에서 몸이 엄청난 스트레스를 일으키기 마련. 알다시피 스트레스는 만병의 근원이다. 페니베이커 교수는 감정을 배출하고 드러내 스트레스를 해소하는 만병해결책을 제시한다. 바로 '쓰면서 털어놓기'다.

그는 강간피해자, 섭식장애자, 배우자의 사고사로 마음의 상처를 입은 사람들, 해고자 등을 대상으로 쓰면서 털어놓기 실험을 했다. 결과적으로 힘든 상황의 그들은 쓰면서 감정을 배출하는 경험을 가졌고 이로써 정신적, 육체적 건강이 현저히 나아진다는 결론을 얻었다. 억울하고 분한 일을 일기에 쓰는 것만으로도 스트레스 해소는 물론 관절염이나 천식의 증상도 완화된다는 것이다. 페니베이커 교수는 연구결과에 대해 이렇게 정리한다.

"글쓰기는 우리의 복잡한 정신생활을 원활하게 조직하도록 보조한다. 글쓰기는 비록 만병통치약은 아닐지라도 값싸고 간단하게 건강을 유지시켜주는 탁월한 수단이다."

한국인에게는 말하기보다 쓰기

페니베이커 교수는 충격적인 사건이나 절망적인 체험 등 마음의 상처를 언어로 고백하는 것이 신체 건강에 도움이 되지만 '말하기'를 통한 토로는 '누구에게, 어떻게 말할 것인가'와 '듣는 사람이 부담을 느낄 수 있다'는 문제가 있어 '말하기'보다 '쓰기'가 더 나은 방법이 될 수 있다고 강조한다.

무엇보다 쓰기는 혼자서 가능한 방법이다. 한국을 방문한 자리에서 페니베이커 교수는 한국인은 대개 자신의 감정을 솔직하게 말로 표현하는 데 익숙하지 않은 편이라 '쓰기'를 통한 털어놓기가 좋은 효과를 낼 수 있다고 말하기도 했다.

"단순하게 쓰기만 하는 것보다, 쓰기를 통해 자신이 처한 객관적 상황과 감정을 이해하는 것이 궁극적인 정신건강 개선에 도움이 된다."

05

걱정 없이, 후회 없이, 미련 없이
: 머릿속 디버깅, 매일 20분

부정적인 감정을 느낄 때

미국 코넬대학 칼 필레머 교수는 65세 이상의 노인 총 1,500명을 인터뷰하여 설문조사를 했는데, 질문의 내용은 이랬다.

'지금까지 살면서 가장 후회되는 것이 무엇입니까?'

이 질문에 가장 많은 노인들이 한 대답은 이랬다.

'걱정하지 말고 살 걸 그랬다.'

털어놓기 전문가 페니 베이커 교수는 걱정하지 않고 사는 비결로 감정을 표현하는 글쓰기를 권한다.

부정적인 감정을 초래한 문제 상황이 발생한 시점에서 3~4일 쯤 지나 20분가량 나흘만 그 문제에 대해 쓰면 고민과 문제를 제대로 파악하고 재해석하기가 가능하여 고민 끝, 걱정 해결이라는 것이다. 실제로 그는 실험을 통해 이 같은 사실을 증명했다.

원치 않는 일을 겪고 부정적인 감정에 시달리는 이들에게 한 번에 20분씩 그 상황에 대해 글로 쓰게 했다. 쓴 글을 읽고 피드백해주거는 일도 없이 단지 글로 쓰게 했을 뿐인데, 비밀스러운 마음을 글로 털어놓게 했을 뿐인데, 글을 쓴 사람들은 혈압이 좋아지고 면역력이 높아졌으며 우울과 불안이 감소하는 한편 행복감이 늘었고, 기억력이 좋아지면서 업무능력이 좋아졌고, 대인관계도 좋아졌다고 실험 결과를 보고했다.

부정적인 감정을 느낄 때, 그 감정에 매몰되지 않고 자신과 감정 사이에 거리를 두면 갈등에 대한 건설적인 해법을 모색하는 여유가 생긴다고 강조한다.

마음아 '10분'만 문밖에서 기다려줄래?

머릿속은 그냥 두면 오뉴월의 잡초 밭처럼 금세 부정적인 감정이나 느낌으로 가득 찬다. 머릿속을 가득 메운 잡초는 성난 불길처럼 마음을 태워먹고 독한 연기와 그을음은 온몸을 질식하게 만든다. 이럴 때 효과적이고 유용한 방법이 있다.

"마음이 초조하거나 산만해지면 마음에게 '10분만 문밖에서 기다려 달라'고 타이른다. 매번 잡념이 거품처럼 끓어오르더라도 평정한 마음으로 이런 지시를 되풀이하다 보면 서서히 집중력이 되돌아오게 될 것이다."

치유에 특화된 글쓰기 워크숍을 진행하는 셰퍼드 코미나스의 말이다.

거센 감정의 불길에 스스로 타죽을 듯 위협을 느낄 때, 세퍼드 코미나스처럼 주문을 외자. 마음아, 10분만 문밖에서 기다려줄래? 그러고는 쓰기에 돌입해보자.

거센 감정의 숨을 죽이는 방법

미국 스탠퍼드대학 제인 리처드 박사가 실험한 내용이다.

"여대생들에게 얼굴이 보기 흉할 정도의 남자에서 보통 정도의 남자까지 다양한 사진을 보게 했다. 그런 다음 한 그룹에는 사진 속 남자에 대해 감정표현을 하게 했고, 다른 그룹은 감정표현을 하지 못하게 했다. 그러고 각 사진에 대한 기억력을 테스트했다."

결과는 감정을 표현한 집단에서 사진을 훨씬 더 많이 기억하고 있는 것으로 나타났다. 제인 리처드 박사는 실험결과에 대해 '감정표현이 자유로우면 집중력, 기억력이 향상되어 사고력 향상에 크게 도움을 받는다'고 결론을 냈다.

감정을 억압하지 않고 드러내고 다독일 수 있을 때, 즉 마음이 편할 때 사람들은 덜 방어적이 되고 너그러워진다. 이런 상태에서 자신이 해결해야 할 문제에 좀 더 집중하게 된다는 사실을 알 수 있다.

연구결과가 말해주듯, 감정을 표현할 때 핵심은 머릿속을 지배하는 부정적인 감정을 일단 머리 밖으로 끌어내는 것이다.

느낌이든 생각이든 또는 감정이든 구분 짓거나 판단하지 말고 죄 끄집어내 눈앞에 부려놓는다. 이렇게 감정을 쏟아내다 보면 내면을 뜨겁게 달구던 감정들이 바깥 공기를 만나 식는다. 그저 쓰기만으로도 털어놓기 효과가 작용하여 걱정이나 불안을 덜 수 있지만 쓰기를 통해 자신이 처한 객관적 상황과 감정을 이해하도록 애쓰면 쓰기가 가진 치유 효과를 극대화할 수 있다.

06

세계 최고의 투자가들이 감정을 다루는 법
: 감정마다 이름 불러주기

감정이 건전한 사고 틀을 부식하지 않도록

투자가 워런 버핏을 가르친 그레이엄 교수는 "열정은 삶의 많은 영역에서 성공의 필수 요소이지만, 월스트리트에서는 대부분 재앙으로 끝난다."고 그 위험성을 경고했다.

그는 "투자자에게는 높은 IQ나 비범한 통찰력이 아니라 감정이 건전한 사고 틀을 부식하지 않도록 통제하는 능력이 필요하다."면서 투자세계에서의 성공은 감정에 달렸다고 언급했다.

부정적이든 아니든, 감정이 일어나는 것을 막을 수는 없다. '문제는 일어난 감정을 어떻게 처리하는가'다.

어떻게 하면 그 감정을 아무 일 없었다는 듯 처리할 수 있을까? 전문가들은 그 감정에 이름을 붙여 불러주라고 권한다. 머릿속을 교란하는 감정들을 처리하는 데 가장 간단한 방법은 감정 각각에 이름을 붙여주는 것이다.

"지금 불안한 거지?"
"또 초초해지나 보네?"
"걱정하나?"

실체를 알 수 없는 부정적인 감성이 기세를 부리면 뇌에서는 비상
경보가 쉴 새 없이 울린다. 비상경보로 인해 부정적인 감정은 더욱
기세등등해진다.

그런데 이렇게 이름을 붙여 막연한 감정을 직면하면 널뛰던 감정
들이 사라지거나 실체 없음을 확인하게 된다. 그러면 문제 상황을
전체적으로 바라보고 그에 적합한 해결방안을 찾는 여유가 생긴다.
감정을 알아차리고 이름을 붙여주는 행위는 불교 수행법 중의 하나
이기도 하다. 그만큼 효과적이라는 얘기다.

머릿속 정리기술, 감정에 이름 붙이기

감정에 이름 붙이기는 내가 애용하고 권하는 머릿속 정리기술이
다. 태생적으로 불안지수가 높은 나는 남다른 상상력(?)으로 불안을
극도로 몰아가는 경우가 많았다.

내 머릿속에는 언제나 먹구름이 자주 꼈다. 책을 읽다 발견한 감
정에 이름 붙이기 기법은 먹구름을 몰아내는 바람이 되어주었다. 지

금은 신경을 거스르는 뭔가 느껴지면 빈 이름표를 꺼낸다. 그리고 쓴다.

"왜, 슬슬 불안해지지? 불안한 거 맞아? 왜 그러지?"

쓰는 사이 몇 번에 걸쳐 감정의 이름을 부르다 보면 그 감정에 거리를 두게 되고 어느새 그 감정들은 자취를 감춘다.

07

혼자 잘해주다 상처 입는 이를 위한 긴급 처방

감정을 다쳤을 때는 말보다 글

미국 하버드대학 법대와 의대에서 강의하는 다니엘 샤피로 교수는 세계적인 협상전문가다. 그는 협상 과정에서 종종 상처를 입는 일이 벌어지는데 이때 상처를 입힌 사람에게 편지나 이메일을 쓰라고 권한다.

상대의 행동을 사실대로 나열하고 그것이 어떤 영향을 미쳤는지 묘사하며, 협상을 진전시킬 방법도 포함하라고 제안한다. 단, 그 즉시 편지를 보내지 말고 하루 이상 묵힌 다음 다시 편지를 읽어보고 자신의 내면상태가 어떻게 변했는지 살펴보라고 권한다.

만일 긍정적으로 달라졌다면 편지를 없애고, 여전히 부정적이라면 제3자에게 편지를 보여주고 상의하라고 한다. 편지를 쓰되 어떤 경우에도 편지를 보내지 말라는 것이 그가 전하는 충고의 핵심이다.

심리학자인 앤 페어와 제임스 A. 러셀은 감정이란 '일종의 느껴본 경험'이라고 정의 내린다. 때문에 감정이란 느끼는 것이지 생각하는 것이 아니며 누군가와 말하거나 행동할 때 통상 연상되는 생각과 심리적인 변화, 그리고 뭔가 하고 싶다는 욕구와 함께 반응한다고 말한다.

부정적 감정을 치유하는 글의 힘

이러한 맥락에서 복잡다단한 감정을 글로 쓰면 언어가 가진 고유의 '논리'가 작용하여 어설픈 추론과 말도 안 되는 상상력이 빚어낸 부정적인 감정이 힘을 잃는다.

작가 김영하는 이런 면을 '글쓰기가 가진 자기해방의 힘'이라 정의하고, 우리의 내면의 두려움과 편견, 나약함과 비겁을 맞서는 힘이 거기서 나온다고 강조한다.

다른 사람으로 인해 상처를 입고 그로 인해 격정에 시달리느라 머릿속이 분주하다면 그에게 편지를 쓰자. 그리고 눈앞에서 편지를 박박 찢어버리자. 대청소를 끝낸 행사 후 대운동장처럼 머릿속이 훤해지고 개운할 것이다.

08

비즈니스 천재들이
창업의 두려움을 날려버린 간단한 비법

머릿속 부정적인 감정과 맞장을 뜨자

전기자동차에서 화성 개척까지, 테슬라모터스 일론 머스크 회장이 창업을 준비할 당시의 일화다.

그는 창업이 실패할 경우를 대비하여 자신의 생계에 필요한 최저 비용이 얼마인가를 알아보는 실험을 했다. 하루 1달러로 30일을 살아보기로 한 실험이었는데, 핫도그와 오렌지를 먹으면 하루 1달러로 충분했고, 30일 동안 30달러를 벌 수 있다면 창업을 두려워할 것만은 아니라는 결론을 내렸다.

창의적으로 사고하고 실행하여 한순간에 인류의 라이프스타일을 바꿔버리는 천재들은 부정적인 감정이 머릿속을 파고들어 헤집고 다니도록 내버려두지 않는다. 그들의 머릿속 생각공장은 레이저처럼 일말의 낭비 없이 목표를 향해 집중하고 돌아가야 하기 때문이다. 머스크 회장처럼 고민이든 갈등이든 불안이든, 상황을 직면하는 것으로 부정적인 감정이 자리할 기회를 아예 제거해버린다.

긍정적인 마인드에 대한 사회적 수요가 드센 마당에 에어컨을 발명한 윌리스 캐리어 박사는 '네거티브 씽킹'이야말로 원하는 것을 얻게 하는 마법의 공식이라고 주장한다.

그는 일어날 수 있는 최악의 상태는 무엇인가? 물어서 파고들고 최악의 상태를 피할 수 없다면 받아들이고, 최악의 상태에서 무엇을 하면 상황이 개선되겠는가를 파악하여 실행하라고 종용한다. 간절히 원하면 이루어진다는 매지컬 씽킹과는 반대 지점에 있는 방식이다.

감정은 사실이 아니다, 감정은 해석된 느낌이며 따라서 가상의 데이터다. 생각공장이 가동하는 데 이러한 가상의 데이터는 불순물처럼 공장가동을 가로막는다. 머릿속에 부정적인 감정이 슬그머니 자리하거든 그 감정과 맞장을 뜨자. 도망 다니지 말고 몸을 돌려 직면하라. 그리고 달려들어 그 감정의 실체를 확인해보자. 쓰기라는 방법으로.

'만일 ~하다면 어떻게 될까?'라고 시작하는 글을 써보자

자, 뭔가가 걱정되는가, 불안한가? 두려운가? 그렇다면 '만일 ~하다면 어떻게 될까?'라고 시작하는 글을 써보자. 아무 제약 없이 생각나는 대로 쓴다.

다음 딱 두 개의 칸을 만들어 정리한다.

내 걱정대로 된다면 일어날 일을 적기

그 일이 일어날 경우, 내가 할 수 있는 것

혹은 다음과 같이 불안한 마음을 뜯어보자. 쓰면서 정리해보자.

지금 기분이 어떤가

왜 그런가

과연 그 이유가 맞는가

더 이상 쓸 게 없다 싶을 때 쓴 것들을 들여다보자. 그리고 하나 하나 살펴보자. 겹친 것은 하나로 묶고 빠진 것은 보충하자. 그런 신기할 정도로 머릿속 먹구름이 가셔졌을 것이다. 한 발 다가가면 한 발 도망가는 안개처럼, 도망치지 않고 직면하면 사라진다. 두려움이나 불안, 걱정……. 부정적인 감정들은.

천하의 귀차니스트를 위한 감정정리법

: 딱 한 줄만 쓰기

해피니스 프로젝트

'뉴욕에 사는 변호사이자 작가.'

이 정도면 부족함이 없는 사람일 것 같다. 하지만 그레첸 루빈은 우울증에 빠졌다. 이유는 행복하지 않아서. 참다 못한 그녀는 '해피니스 프로젝트'를 감행했다.

행복이 없는 삶은 아무것도 가지지 못한 삶이므로 행복하려면 어떻게 하면 되는지를 찾는 것이 프로젝트의 목표. 수백 권의 책을 탐독하고, 수백 명의 전문가를 만나 행복의 비결을 탐색한 결과, 불행한 사람의 공통점을 찾을 수 있었다.

그들은 '미래의 행복을 위해 현재를 희생'하거나, '과거의 영광에 빠져 현재를 등한시'했다. 이러한 탐구 끝에 그레첸 루빈은 현재에 온전히 머물 수 있다면 누구나 행복할 것이라는 결론에 다다랐다.

그리고 '한 줄 일기'를 고안했다. 하루 딱 한 줄 쓰는 것만으로 하루 내내 행복할 수 있는 비결이다. 이 방법은 복잡할 게 없다.

하루 한 문장만 쓴다

'지금 어떠한가'에 대해 단 한 줄만 쓰면 되는 거다.

아무리 바쁘기로서니 딱 한 줄 쓸 시간을 낼 수 없겠는가. 이 방법의 핵심은 '지금'을 기록하며 현재에 집중한다는 것. 무엇보다 시간을 많이 투자하지 않아도 된다는 것이 큰 장점이다. 하루 딱 한 줄 쓰기 방법으로 그녀는 행복해지기 시작했다. 5분이 채 안 걸리는 투자로 얻게 된 행복이다.

다음 단계로 그녀는 다른 이들에게 한 줄 일기를 권했다. 그녀의 권유대로 딱 한 줄 일기를 쓴 사람은 훨씬 행복해졌다. 정신과 상담이나 큰돈이 드는 마음 캠프 같은 것을 활용하지 않고도 더 많은 행복감을 느끼기 시작했고, 우울증 증상도 상당히 개선됐다.[39]

한 줄 일기는 언제 어느 곳에서든 그때그때의 감정이나 생각이나 느낌을 기록하면 된다. 다이어리에 꼬박꼬박 기록하면 감정의 추이를 파악하는 데도 도움이 된다.

스마트폰 어플을 활용하면 한 줄 일기 쓰기가 더욱 수월하다. 데이그램Daygram은 '하루에 한 줄 일기 쓰는 습관 들이기'를 모토로

---

39 《지금부터 행복할 것》, 그레첸 루빈 지음, 강유주 옮김, 21세기북스.

하는데, 하루 한 줄씩 일상을 적어나가다 보면 자연스럽게 일기 쓰는 습관을 기를 수 있다고 한다.

딱 한 줄만? 두세 줄은 안되나?

딱 한 줄! 그렇지만 '아무것이나 쓰세요'라는 미션은 편하지 않다. 차라리 과제가 주어지면 어떨까?

일본에서 자율신경 분야의 일인자라 꼽히는 고바야시 히로유키 선생은 세 줄 일기를 쓰면 흐트러진 자율신경의 균형을 바로잡을 수 있다고 권한다. 두통, 어깨결림, 불면증, 우울증, 자율신경 실종 증상을 겪는 사람들이 건강을 되찾았다고 증언하는 하루 세 줄 쓰기. 다음 세 가지를 생각한 다음 한 줄씩 적으면 된다.

1. 오늘 가장 안 좋았던 일을 가감 없이 쓴다.
2. 오늘 가장 좋았던 일을 쓴다.
3. 내일의 목표를 구체적으로 쓴다.

한 줄이든 세 줄이든 중요한 것은 '쓰기' 자체가 아니라, 한 줄 쓰면서 세 줄 쓰면서 내 인생의 고삐를 내가 틀어쥐고 산다는 자각을 하는 것이다.

●10

당신의 롤모델이 매일 밤 하는
머릿속 마음속 정리습관

잠자리에 들기 전 기뻤던 일 3가지 적기

페이스북 최고 운영책임자 셰릴 샌드버그는 일로나 가정적으로나 다 가진 여자처럼 보였다. 그런데 남편이 급사했다. 그녀는 다 잃을 것처럼 보였다. 하지만 그녀는 아픔을 딛고 섰다. 그리고 그 비결을 이렇게 알려준다.

'잠자리에 들기 전 기뻤던 일 3가지 적기.'

셰릴 샌드버그는 UC버클리대학 졸업연설에서 매일 잠자리에 들기 전 세 가지 기뻤던 일들을 적어보는 간단한 일만으로도 삶이 바뀌었다며 매일 어떤 일이 일어났든 간에 잠자리에 들면서 기운을 북돋아주는 생각을 하라고 권한다. 그러면 어떤 일이 벌어졌더라도 잠들기 전에 명랑한 기분으로 침대에 갈 수 있을 것이라는 경험을 전한다.

미국의 심리학자 섀드 헴스테터 교수는 우리가 생각하는 모든 것들 중 77퍼센트는 부정적이고 역효과를 불러일으킨다고 경고한다. 애당초 뇌가 그렇게 생겨 먹었다는 것이다.

의식적으로 긍정적인 것들을 살피면 뇌가 긍정 모드로 길들여질 수 있다는 것이 그의 충고다. 신경학자들에 따르면 하루를 마감하는 시간(그것도 잠자기 직전)에 긍정적인 경험을 기록하고 이를 반복하면 뇌는 이를 의미 있게 받아들인다고 한다.

셰릴 샌드버그가 경험하고 알려주는 잠들기 전 그날치 기뻤던 일 3가지를 기록하는 습관은 뇌를 긍정 모드로 바꿔버리는 매일의 의식이다.

원하는 인생을 이루어가는 감사일기 쓰기

여기, 오랫동안 많은 이들의 롤모델로 이름을 올린 여성이 또 있다. 이름 자체로 하나의 거대한 브랜드인 오프라 윈프리. 인생의 성공 여부는 온전히 개인에게 달렸다며, 자신에게 있어 그 비결은 감사일기를 쓴 것이라고 밝힌다. 직접 쓴 글을 모은 유일한 책《내가 확실히 아는 것들》에서 밝힌, 원하는 인생을 이루어가는 감사일기 쓰기 요령은 이러하다.

- 한 줄이라도 매일 쓴다.
- 주변의 모든 일에 감사한다.
- 무엇이 감사한지 구체적으로 쓴다.

- 긍정문으로 쓴다.
- 감사를 요청할 때는 현재 시제로 쓴다.

그녀가 쓴 감사일기는 이러하다.

- 얌체 짓을 한 동료에게 화내지 않고 참을 수 있었던 나 자신에게 감사하다.
- 햇빛을 받으며 벤치에 앉아 차가운 멜론을 먹어 감사하다.

내킬 때마다 한 번씩 감사일기를 쓰는 나는 감사일기 쓰기의 진정한 효과는 자신의 일상을 섬세하게 관찰하고 인식하는 데 있다고 생각한다.

자신을 들여다보는 가늘고 길게 뜬 눈매를 갖지 못하면 저절로 감사가 터져 나오는 아주 큰 퍼포먼스나 이벤트를 찾게 되기 때문이다. 이래서는 감사일기가 주는 리셋 효과를 체험하기 힘들다. 수시로 부정 모드로 빠져드는 의식을 긍정 모드로 되돌려놓는 리셋 효과 말이다.

머릿속 감정싸움을 말리고 달래는 2인칭의 마술

머릿속 싸움 말리고 달래기

　머릿속에서는 늘 싸움이 일어난다. 뭔가를 하고 싶어 하는 자신과 이를 거부하는 자신, 이 둘의 싸움이 빈번하다. 그로 인해 머릿속은 언제나 전쟁터. 제한된 정신에너지, 의지력은 이런 싸움만으로도 고갈되기 일쑤이고, 머릿속 생각공장은 에너지 부족으로 작동이 부실해진다. 이럴 때 스스로에게 말을 걸어보자.

　메모지에든 일기장에든 혹은 블로그 창을 열어서든, 자신과 대화를 시도해보자. 사고를 촉진하는 시각적 도구인 '쓰기'는 머릿속 싸움을 말리고 달래는 데도 효과적이다.

　　명확하고 단호하게

　　"야식을 먹으면 안 되겠지?"

"야식을 먹지 마."

자신에게 말을 걸 때, 어느 쪽이 나을까? 전문가들은 애매하고 모호한 표현보다 단호하게 명령하듯 표현하는 게 효과적이라고 알려준다.

2인칭으로

"나는 날씬해질 거야."

살을 빼기 위해 운동계획을 세우며 이렇게 되뇌는 것은 효과가 크다고 한다. 그런데, 이보다 훨씬 효과가 큰 방법이 있다. 자기 이름을 부르며 "○○야, 너는 날씬해질 거야."라고 하는 것이다.

1인칭, 2인칭으로 글쓰기

미국 일리노이대학 어바나—샴페인 캠퍼스 심리학 연구팀이 혼잣말의 영향력을 실험하면서 '운동을 자주 하자'는 내용의 글을 쓰도록 했다. 이때 '나'라는 1인칭 주어를 사용하는 그룹과 '너'라는 2인칭 주어를 사용하는 그룹을 나누어 연구했다.

우선, 운동을 자주 하자는 글을 쓰자 평소보다 운동 계획을 더 잘 세웠으며, 이전보다 운동을 더 자주 하는 것으로 드러났다. 또 자신을 2인칭으로 간주하며 표현한 그룹의 운동 효과가 훨씬 뛰어났다. 연구진이 밝힌 결론은 이러하다.

"부담을 느끼는 상황에서 2인칭으로 스스로에게 말을 걸면 마치 다른 사람으로부터 격려와 지지를 받는 것 같은 느낌을 받기 때문인 것으로 보인다."

머릿속의 부정적인 감정을 비워 내거나 불안, 두려움을 딛고 어떤 일을 하려 할 때 '쓰기'는 매우 유용한 도구다.

감정은 실재하지 않는 가상의 데이터. 이러한 데이터를 종이 위에 써놓고 보면 거리를 두고 데이터를 지켜보게 된다. 그리고 그것이 실재하지 않는 것임을 알아차릴 수 있게 된다.

나는 종종 내 이름을 부르며 저널을 쓴다. 큰 프로젝트를 앞두거나 역량 이상의 일을 도모했을 때 스멀스멀 피어오르는 불안을 잠재우고 싶을 때 나에게 보내는 편지를 쓴다.

그러면 중후하면서도 그윽한 음성이 내 이름을 불러주며 자상한 손길로 나를 '쓰담쓰담' 하는 기분을 느낀다. 어느새 불안이 사라지고 자신감이 그 자리를 채운다. 머릿속도 비온 뒤의 하늘처럼 말끔해져 있다.

3인칭으로 글쓰기

미국 대통령 트럼프는 연설을 할 때 자신을 3인칭으로 지칭한다.

"도널드 J. 트럼프는 위험한 멕시칸들로부터 사랑스러운 미국을 지키기 위해 엄청나게 크고 아름다운 벽을 쌓을 것이다!"

"푸틴이 도널드 트럼프를 좋아한다면, 그건 골칫거리가 아니라 (미국에게) 자산이라고 생각한다."

전문가들은 트럼프처럼 자신을 3인칭으로 표현하면 해당 이미지를 강조하는 데 효과적이라고 알려준다.

나도 저자 프로필을 쓸 때나 강의계획서에 강사 소개를 쓸 때 3인칭으로 표현한다.

"30년째 '글밥'을 먹어온 그가 글쓰기를 할 때 가장 중요시하는 것은 잘 읽히는가, 하는 것이다."

이 문장에서 그는 물론 나다. 이렇게 표현하면 내가 나를 한 사람의 전문가로 우대하는 느낌이 든다. 그리고 우대받는 전문가답게 행동해야 한다는 의지도 다져진다.

무엇보다 나 자신을 3인칭으로 표현하면 내가 알고 있는 시시콜콜한 나 자신으로부터 놓여나는 느낌이 들어서 좋다. 특히 내가 불만스러워하는 나 자신을 의식하지 않아서 마음이 편해진다. 이러한 효과를 검증한 연구가 있다.

2004년 미국 대통령선거 때의 일이다.[40] 오하이오주립대 리비LK 연구진은 146명의 투표권을 가진 대학생들에게 투표일 전날 자신이 투표하는 모습을 상상하게 하는 연구를 했다. 이때 절반은 1인칭으로 상상하게 하고, 나머지는 3인칭의 관점으로 상상하도록 했는데 3

---

40 Libby, Lisa K., et al. "Picture yourself at the polls: Visual perspective in mental imagery affects self-perception and behavior." Psychological Science 18.3 (2007) : 199-203.

인칭 관점으로 상상한 사람의 95%가 투표에 참가했다.

이 연구 사례를 제시하며 연구진은 3인칭 관점으로 자신을 바라보거나 표현하면 스스로를 어떤 특정한 사람으로 보게 만들어 수행하는 일의 성취를 높인다고 언급했다. 자신을 3인칭으로 표현하거나 지칭하면 자신을 제3의 인물로 새롭게 인식함으로써 자신에 대한 부정적인 인식을 해소하게 된다고 강조했다.

특히 자신이 마음에 들지 않아 생겨난 이런저런 갈등 때문에 머릿속이 한껏 복잡하다면 '나'가 아니라 내 이름을 불러주는 2인칭으로, 또 제3의 인물처럼 3인칭으로 표현하며 대화를 시도해보자. 생각보다 꽤 괜찮은 자신을 발견하게 될 것이고, 그러는 사이 머릿속도 비 온 뒤 갠 날씨처럼 화사해질 것이다.

머릿속 정리는 목표가 아니라 과정이다. 머릿속을 정리하면 명료하게 전략적으로 생각할 공간이 생겨나고 그 결과, 의미 있는 것에 의도적으로 의식적으로 주의를 집중하게 된다. 이 여정에서 가장 중요한 것이 성찰하기다. 자신의 머릿속을 들여다보며 원하는 것을 알아차리고, 오가는 생각들을 검토하고 반성하며, 머릿속을 정비하는 기술이 성찰하기다. 그러므로 성찰하기란 궁극의 미니멀리즘을 추구하는 행위다. 성찰하기는 그리 녹록치 않은 정신작업. '쓰기'라는 도구를 활용하면 수월한 성찰이 가능하다.

궁극의 미니멀리즘을 추구하라

인생이 가끔 장애물투성이처럼 느껴질 때,

스트레스가 많을 때면 일기를 쓴다.

써놓고 한 달쯤 뒤에 읽어보면 다 별것이 아니다.

문제란 언제나 그런 것이다.

– 마이코스키(톰스 창업자)

01

자기성찰에 필요한 정신의 도구

잘나가는 리더들의 성공 포인트 '자기인식'

경영컨설팅 기업 헤이그룹이 1만 3,000명의 기업 리더를 대상으로 리더십 요인을 파악했다. 최고의 성과를 내는 조직의 리더들에게는 높은 수준의 '자기인식'이 공통적으로 나타났고, 자기인식 수준이 높은 리더가 그렇지 않은 사람보다 최대 30% 더 성과를 끌어내는 것으로 드러났다.

반면 자기인식 수준이 낮은 리더는 부정적인 근무환경을 조성하고 조직의 성과 및 업무몰입도를 떨어뜨린다. 조직도 그 자신도 실패를 자초한다. 이 조사결과를 발표하며 헤이그룹은 '자기인식'을 리더십의 성공 포인트로 꼽았다.[41]

---

41 헤이그룹코리아 홈페이지에서 참조..

자기인식이란 자기 자신을 의식하는 것을 말한다. 자기 자신에 대해 거리를 두고 바라볼 수 있는 능력이자 자신이 하는 생각이나 행동에 대해 내가 지금 뭘 하는 거지? 하고 스스로에게 물어보고 답을 찾으려 시도하는 자질이다.

이러한 자기인식에 대해 하버드대학 존 가드너 교수는 '성찰지능'이라는 말로 표현하는데, 이는 '자신을 이해하고 자신의 욕망, 두려움, 재능 등을 잘 다루어 효과적인 삶을 살아갈 수 있는 능력'을 의미한다.

존 가드너 교수는 성찰지능이 자신의 강점과 능력을 잘 인식하고 활용하여 성공한 사람들에게서 높게 나타나며, 꾸준히 자신을 성찰하며 내면세계에 관심이 있는 사람들에게 높게 나타나는 경향이 있다고 말한다. 무엇보다 자기성찰지능은 그 외 모든 능력들을 활성화시켜준다고 강조한다.

저널 쓰기는 자기성찰능력 계발의 유일한 도구

자기인식, 즉 성찰지능을 높이는 데도 '쓰면서 생각하기'가 제격이다. 4장에서 소개한 머릿속 정리기술 '저널 쓰기'는 자기성찰능력 계발의 거의 유일한 연습법이다.

머릿속에 담고 있는 생각이 구체적으로 어떤 것인지, 무엇을 느낀다면 그것이 정확하게 무엇인지, 무엇을 하고 싶다면 도대체 어떤 것을 하고 싶은지, 왜 하고 싶은지 등, 저널을 쓰면 생각거리를 집요하게 물고 늘어지며 답을 구하게 된다. 생각은 쓰기를 통해 깊이 있게, 치열하고 치밀하게 제대로 파고들 수 있기 때문이다. 그래서 외국의 경우 임원이나 간부 코칭 프로그램에 저널 쓰기를 필수로 포함하는 경우가 많다.

미국 버지니아대학 티모시 윌슨 교수진은 심리실험을 하면서 어떤 자극이나 경험에 대해 드는 느낌이나 생각을 말로 하기, 쓰게 하기로 구분하여 실험했다.

그 결과, 생각을 쓴 그룹은 쓴 종이를 보여주거나 제출하지 않더라도 쓰면서 생각을 정리하는 데 크게 도움을 받는 반면, 쓰지 않은 경우는 자신의 진정한 느낌을 파악하지 못해 대개 만족도가 낮았다. 쓰면서 생각하기가 성찰능력, 즉 폭넓고 깊은 생각을 하게 하는 데 효과적임을 입증한 실험이다.

저널 쓰기라는 성찰 도구는 로마의 16대 황제 아우렐리우스 시대로 거슬러 올라간다. 아우렐리우스 황제는 19년간 재위하며 마지막 10년 동안 '나 자신에게'라는 제목으로 저널을 썼다. 전쟁터에서 쓴 이 저널이 《명상록》이다. 이후 저널 쓰기는 몽테뉴에서 오프라 윈프리, 김연아 선수까지 동서고금을 막론하고 2,000년이나 대물림된 성찰의 도구로 자리 잡았다.[42]

---

42 《진정한 리더는 직접 쓰고, 직접 말한다》, 송숙희 지음, 대림북스.

02

머릿속을 정리하면 저절로 얻게 되는 선물

매일 저널을 쓰세요

조직행동론의 대가인 캐나다 맥길대학의 교수 낸시 아들러에게 글로벌 비즈니스 리더들이 경영능력 향상에 필요한 조언을 구하면 아들러 교수는 이렇게 말한다.

"매일 저널을 쓰세요."

그는 뛰어난 리더는 자기성찰의 시간을 갖는 습관을 갖고 있다고 말하며, 성찰을 통해 창의력과 경쟁력의 중요한 원천인 자기 자신만의 시각을 가질 수 있다고 거든다.

매일 저널을 쓰면 자기 안의 통찰력에 접근할 수 있고, 경영능력 향상에 큰 도움을 준다는 것이 아들러 교수가 수많은 글로벌 리더들과 함께하면서 굳힌 믿음이다.

머릿속을 정리하면 일상은 저절로 정리된다

일본인 곤도 마리에는 정리전문가로 세계적으로도 명성이 높다. 그녀에게서 시작된 정리 열풍은 서양의 미니멀리즘이라는 트렌드와 결합되어 우리나라에서도 한창이다. 그녀에 따르면 정리란 인생에 중요한 것만 남기는 것이다.

그녀는 집 안을 정리하면 사고하는 방식 삶의 방식이 달라지고 인생마저 달라진다고 강조한다. 집 안을 정리하면 정리를 통해 과거를 처리하기 때문에 인생이 달라지게 되고, 인생에서 무엇이 필요하고 필요하지 않은지, 무엇을 해야 하고 무엇을 그만두어야 하는지 확실히 알게 된다고 한다.

그런데 나는 좀 생각이 다르다. 생활이나 습관이나 소비는 모두 머리쓰기의 결과물이며 머릿속을 정리하면 일상, 물건, 마음 정리는 저절로 해결된다는 것이 내 생각이다.

집 안과 살림을 정리해야 사고방식이 바뀌고 인생이 바뀌는 게 아니라, 머릿속을 가득 메운 쓸잘 데 없는 것들을 비워내고 중요한 것에 의도적으로 의식적으로 주의를 집중하는, 머릿속 미니멀리즘이 실현되면 일과 생활의 정리는 저절로 된다고 나는 생각한다.

잔뜩 사들여놓고 버릴 것, 남길 것, 기증할 것, 이런 식으로 구분하여 정리하기보다 애초에 필요 없는 것들을 왜 사들였는지 그런 것들을 사들일 때의 기분이나 감정은 어땠는지, 그것을 사는 것밖에 방법이 없었는지 등을 살펴 생각을 점검하는 것이 우선이라는 의미다.

　머릿속에서 일어나는 궁극의 미니멀리즘은 자기인식에서 비롯되며, 더도 말고 덜도 말고 있는 그대로의 자기 자신을 인식하면 바로 그 자리에서 자신에 대한 존중과 사랑이 싹튼다.

　머릿속에서 시작되는 궁극의 미니멀리즘은 생각의 생활의 정리를 저절로 부르며 자기효능감, 자존감, 자신감은 저절로 따라붙는 선물이다.

　그러므로 집 안, 책상, 일상의 정리가 필요하다는 생각이 들면 우선 머릿속 정리부터 들어가는 게 순서다. 궁극적으로 머릿속이 미니멀하면 사들이고 버리고 하는 일들이 아예 일어나지 않기 때문이다.

03

쓰다 보니 진짜 나를 발견하는
자기관찰노트

자기관찰노트 쓰기

《성공하는 기업들의 8가지 습관》의 저자인 미국의 경영사상가 짐 콜린스는 휴렛패커드에 입사하며 사회생활을 시작했다.

당시 이 회사는 남들이 다 부러워하는 회사였지만 그는 만족스럽지 않았다. 이게 아닌데, 하는 생각이 들었지만 그러면 어떤 일을 하고 싶은지도 막연했다. 어릴 때부터 곤충 관찰을 해온 그는 그 경험을 되살려 자신을 관찰해보기로 했다.

관찰노트를 마련하고 '짐이라는 이름의 곤충'이라고 썼다. 자신의 행동과 일에 대해 세심하게 지켜보고 매일 그날 일 중에서 가장 뿌듯하게 만든 일을 기록했다.

기록을 시작한 지 1년이 지나자 자기 자신에 대한 나름의 패턴을 발견했다. 자신이 복잡한 시스템 속에서 일할 때, 남을 가르칠 때 가장 행복해한다는 것을 발견했다. 관찰노트를 분석하여 결론을 내린 후 그는 망설임 없이 휴렛패커드를 떠나 학교로 갔다.[43]

'자기인식은 삶의 기초에서 방향을 제시하는 내면의 목소리에 귀 기울이는 나침반'이라고 심리학자 대니얼 골먼은 말한다.

자기관찰을 통해 얻게 되는 내적 나침반은 해야 할 일, 말아야 할 일을 구분하는 열쇠라고 지적한다.

자기인식은 짐 콜린스가 곤충처럼 자신을 관찰했듯 스스로를 잘 지켜보는 데서 시작된다. 당신이 원하는 자기 자신이 궁금하다면 유체 이탈한 듯 당신을 지켜보라. 언제 최선의 상태가 되는지, 언제 가장 행복한지, 언제 가장 큰 보상감을 갖는지를 날 선 눈매로 관찰하고 저널을 쓰자.

저널 쓰기를 하면 당신 자신을 바라보는 섬세한 눈길을 갖게 된다. 의식적으로 당신을 집중하여 지켜보게 된다.

그들이 성공할 수밖에 없는 이유, 성찰

한 리서치업체가 일본의 3000여 개 상장기업 중 300개를 무작위로 골라 사장들에게 물었다.

"혹시 일기를 쓰세요?"

---

43 《유쾌한 크리에이티브》(톰 켈리,데이비드 켈리 지음, 박종성 옮김, 청림출판.)에서 읽은 사례다.

300명의 사장 전원이 대답했다.

"네, 씁니다."

리더들은 자기인식에 강하다. 자기인식은 자신을 관찰하는 데서 시작한다. 무엇이든 제대로 보려면 오래 깊이 들여다보아야 한다. 제대로 보려면 잘 봐야 한다. 잘 보려면 우선은 오래 들여다봐야 한다. 그토록 바쁜 그들이 매일 일기를 쓰는 이유가 이것이다.

깊이 오래 들여다보기

유명한 속옷 브랜드 스팽스의 창업자 사라 블레이클리. 그는 미국 경제전문지 〈포브스〉가 선정한 대표적인 여성 기업가 9위에 뽑힐 만큼 유능하다.

그는 자신이 겪은 어려움을 기록하고 반드시 그 뒤의 변화를 함께 기록해둔다고 한다. 이렇게 쌓인 노트가 20권이 넘는다.

창의력 전문가인 미국 스탠퍼드대학 티나 실리그 교수는 학생들에게 관찰하는 습관을 들여주기 위해 1시간 동안 산책하며 보고 들은 것 모든 것을 기록하라는 과제를 자주 내준다.

이런 식으로 관찰을 습관화하면 주변 세계에 깊이, 그리고 적극적으로 몰입하여 새로운 기회와 원리를 포착할 수 있다고 그는 설명한다.

러시아 시인 존 러스킨은 말(언어)로 그림을 그리라고 한다. 말로 비둘기의 발 모양과 머리 모양을 설명하고, 사과와 양파를 설명하려면 한두 번의 경험으로는 불가능하므로, 오랜 관찰을 할 수밖에 없다는 것이다.

나뭇잎을 보았다면, 나뭇잎의 균형 감각이 어떻게 되어 있고, 앞뒷면의 촉감이 어떻게 다르고, 끝부분은 어떤 모양이고, 햇살이 떨어진 각도에 따라 나뭇잎의 색깔이 어떻게 다른지 글로 쓸 수 있다면 저절로 창의적이 된다고 했다.

치열하게 묻기

오래 잘 들여다보면 보이지 않던 것을 보게 되고 잘못 알던 것을 바로 알게 되며 뜻밖에 것을 발견하게도 된다.

'이 과정에서 이게 뭐지? 그 다음엔 뭐지? 만약에 ~라면?' 같은 질문을 보태다 보면 관찰은 호기심의 날개를 달고, 상상력이 창의의 세계로 날아간다. 카이스트대학의 배상민 교수의 남다른 아이디어 발상법 또한 질문하기다.

"'만약 ~라면(What if)'이라고 생각해보고 계속 꿈을 꾸는 거죠. 나는 20대에 디자이너를 처음 시작할 때부터 '내가 스타벅스를 디자인하는 총 책임자라면?' 하고 생각했답니다."

치밀하게 답 구하기

질문을 했으면 답을 구할 차례다. 보고 나니 무슨 생각이 드는지 머릿속도 관찰하자. 머릿속의 생각의 파편들을 그냥 두지 말고 종이로 끌어내 메모하자. 생각을 눈앞에 끄집어내 들여다보면 더욱 구체적으로 발전한다.

하나의 단서도 놓치지 말고 메모하다 보면, 메모는 저 혼자 부화의 시간을 거쳐 어린 아이디어로 깨어난다. 이것이 아이디어의 단초다.

배상민 교수는 아이디어를 내기 위해 '만약 ~라면(What if)'라고 묻고는, 떠오르는 대로 답을 쓴다. 이렇게 쓴 저널이 노트 23권이나 된다. 그는 이렇게 말한다.

"저널에 기록된 내용 중 99%는 정답이 아니다. 내가 깊이 묻고, 깊이 생각하고, 깊이 답한 기록이다."

04

스트레스를 다스리는 간단한 방법

: 가치관 점검하기

일상의 스트레스에서 의미를 발견하기

미국 스탠퍼드대학에서는 일상의 스트레스에서 의미를 발견하는 사고방식을 길러주기 위한 방법을 연구했다.[44]

3주간의 방학 동안 먼저 한 그룹에게는 자신에게 가장 중요한 가치관이 무엇인지, 하루의 활동이 그 가치관과 어떤 관계가 있는지를 저널로 쓰게 했다.

다른 그룹에게는 자신에게 일어난 좋은 일에 대해 쓰게 했다.

방학이 끝난 뒤 저널을 수집하면서 방학을 어떻게 보냈는지 질문했더니, 자신의 가치관에 대해 글로 쓴 학생들은 몸이 더 건강하고

---

44 《스트레스의 힘 : 끊임없는 자극이 만드는 극적인 성장》, 켈리 맥고니걸 지음, 신예경 옮김, 21세기북스.

원기가 왕성했으며, 방학 동안 질병이나 건강상의 문제도 비교적 적었다. 학교에 복귀한 뒤로는 스트레스를 다스릴 줄 아는 능력이 있다고 스스로 확신하기도 했다.

연구진에 따르면 글쓰기의 긍정적인 효과는 방학 동안 스트레스를 가장 많이 받은 학생에게 가장 두드러진 것으로 발견됐다.

연구진은 저널 쓰기 과제가 이토록 유용한 이유를 찾기 위해 연구를 계속했다. 학생들이 쓴 저널을 2,000페이지 이상 읽고 분석한 결과 가치관에 대한 저널 쓰기는 학생들이 인생의 의미를 발견하도록 도와준 것으로 밝혀졌다.

장기적으로 보면 가치관에 대한 글쓰기는 성적을 향상시키고 병원에 가는 일을 줄이며, 정신적 건강을 증진시키고 체중 감소부터 흡연, 음주 습관도 바꾸는 긍정적인 결과를 낳는 것으로 보고됐다.

미국 콜로라도대학 물리학과 학생들은 한 학기에 두 번, 15분 동안 자신의 가치관에 대해 쓰는 훈련을 했다. 결과적으로 가치관에 대해 쓴 학생들은 그렇지 않은 학생보다 더 높은 성적을 얻었다고 한다.

자, 당신도 당신의 가치관에 대해 써보자. 10분 동안 타이머를 맞춰놓고. 다음 질문에 대해 써보자. 이 질문은 피터 드러커 선생이 어린 시절 한 신부님으로 받은 질문이며, 선생은 평생토록 이 질문을 품고 살았다고 한다.

"나는 어떤 사람으로 기억되고 싶은가."

피터 드러커 선생의 책에서 이 질문을 접한 나는 책 쓰기, 글쓰기를 코칭을 하며 자주 이렇게 질문한다.

"나는 어떤 코치로 기억되고 싶은가."

이 질문을 떠올리면 내가 무엇을 해야 할지 하지 말아야 할지가 분명해진다. 질문을 떠올리는 것만으로 나의 가치관을 소환하기 때문이다.

자신에게 정체성 묻기

어려운 판단이나 까다로운 의사결정이 요구될 때, 때문에 머릿속이 한없이 복잡해지고 그 때문에 더욱 의사결정이 어려워지는 상황에 맞닥뜨리면 자신에게 정체성을 물어보자. 명확한 정체성을 머릿속에 각인하면 의사결정에 따른 크고 작은 스트레스에 시달리지 않게 된다.

다음은 미국 스탠퍼드대학의 제임스 마치 교수가 알려준, 정체성에 입각한 의사결정을 하는 이들이 주로 하는 질문이다.[45] 자신의 정체성에 입각하여 답을 쓰다 보면, 문제가 저절로 해결되어가는 것을 느끼게 될 것이다.

---

45 《스틱》, 댄 히스·칩히스 형제 지음, 안진환·박슬라 옮김, 엘도라도.

– 나는 누구인가.

– 이것은 어떠한 상황인가.

– 그리고 나 같은 사람은 이런 상황에서 어떻게 행동할 것인가.

나는 마지막으로 한 가지 더 질문한다.

– 나 같은 사람은 이런 상황에서 무엇을 하면 안 되는가.

05

답을 찾지 말고 질문하라
: 잠든 머릿속을 깨우는 죽비

유능한 리더는 질문을 중시한다

-네 본질이 뭐니?

-전화기지!

-전화기의 본질이 뭐지?

-커뮤니케이션이지!

카카오톡의 아버지, 김범수 의장이 모바일 세상의 도래를 직감하며 나눈 대화의 일부다. 대상은 자신의 휴대폰.

한때 베스트셀러였던《펄떡이는 물고기처럼》이라는 책의 실제 배경인 미국 시애틀의 파이크플레이스 어시장의 CEO 존 요코하마는 매일 하루에도 수백 번씩 이렇게 자문한다.

"나는 지금 어떤 사람이 되어가고 있나?"

질문에 답을 생각하다 보면 바람직한 길을 두고 옆길로 새는 자신을 발견하게 되고 경로를 수정할 수 있다고 그는 말한다.

리더십 대가인 미국 하버드대학 존 코터 교수는 유능한 리더와 평범한 리더 사이에는 결정적인 차이가 있다고 주장하는데, 유능한 리더는 질문하기를 중시하는 반면, 평범한 리더는 답에 매달린다고 한다.

머릿속을 정리하고 질문하는 데도 질문만 한 도화선이 없다. 질문은 잠든 머릿속을 단번에 깨워주는 죽비다. 질문은 자기성찰이라는 거대한 문으로 들어가는 열쇠다. 질문은 자신의 내면을 들여다보는 거울이다. 머릿속 생각공장은 질문을 받으면 자동으로 가동된다. 생각공장을 계속 돌리려면 지속적으로 질문해야 한다.

질문으로 바로 세우는 자기인식

유명한 MBA 과정들은 자기인식에 이르는 성찰 프로그램을 제공하는 곳이 많다. 미국 스탠퍼드대학 MBA 과정이 그중 유명한데, 자기 자신과 가장 잘 맞는 일을 할 때 가장 행복하고 가장 성공적이라는 견해에서다.

MBA 과정에서 주로 하는 일은 자신에게 주어진 질문을 파고들어 답을 구하는 것이다. 물론 종이 위에서 혹은 모니터 상에서 쓰면서 머릿속을 정리하는 방식이다. 비싼 MBA 과정을 거치지 않더라도 자기인식에 도달하는 방법이 있다.

스스로에게 질문을 던져라. 종이 위에서 혹은 모니터 상에서 머릿속의 것들을 끄집어내면서 정리하여 답을 구해보자.

　낸시 아들러 교수는 경영능력을 향상하고 싶어 하는 리더들에게 다음과 같은 질문을 던지며 저널 쓰기로 답을 발견해보라고 권한다.

- 지금 어떤 기분인가.
- 자신의 리더십에 대해 어떻게 생각하는가.
- 지난 24시간 동안 떠오른 가장 기발한 아이디어는 무엇인가.
- 이번 주에 알게 된 사람이나 기업 중 흥미로운 것은 무엇인가.
- 이번 주에 자신이나 부하 직원의 행복을 위해 공헌한 일은 무 엇인가.

최고의 나를 만드는 3가지 질문

　한 의류 제조판매업체 CEO는 직원식당 회계장부에서 장기간 돈이 새고 있다는 사실을 알게 됐다. 한 직원이 몇 달 동안 수십만 달러를 횡령했다. 관련된 부서에 질책이 쏟아졌다. 그러나 CEO는 곧 냉정을 되찾았다. 그리고 질문을 던졌다. 전 임직원이 답을 모색하면서 회사는 바람직한 방향으로 문제를 수습했다.

- 5년 뒤 이 일을 돌아볼 때는 무엇을 가장 중요하게 생각할까?
- 이번 일로 무엇을 배울 수 있을까?
- 그 배움을 바탕으로 무엇을 해야 할까?
- 우리가 원하는 이상적인 결과는 무엇일까?

진정으로 원하는 삶을 찾는 질문

재무설계사 조지 킨더는 고객의 요청을 받으면 그가 진정으로 원하는 것을 알아내기 위해 질문한다.

3가지로 구성된 질문의 답을 찾다 보면 고객이 원하는 삶의 모습을 발견할 수 있고, 이를 토대로 재무 컨설팅을 하면 착오가 없다고 한다. 당신도 이 3가지 질문을 하나씩 노트한 다음 답을 생각해보자. 그리고 그 답을 한 줄 한 줄 문장으로 눈앞에 부려놓아보자.

질문1 나에게 얼마든지 돈이 충분하다고 가정한다. 그렇더라도 뭔가 변화가 필요한가? 어떤 변화인가?

질문2 지금 상황에서 암 선고를 받았다. 생존기간은 5년. 컨디션은 그리 나쁘지 않다. 현재의 삶을 바꾸고 싶은가? 바꾸고 싶다면 어떻게 바꾸고 싶은가?

질문3 딱 하루, 살 수 있다는 선고를 받았다. 그동안 살아온 날을 되돌아보자. 가장 후회되는 부분은? 절실히 하고 싶었으나 하지 못했던 일은 무엇인가?

어려운 판단을 간단하게 정리하는 다섯 가지 질문

역설적이게도 선택지가 많으면 의사결정이 더욱 어렵다. 짜장면을 먹을까, 짬뽕을 먹을까, 하는 단순한 의사결정이 어려워 짬짜면을 먹는 이들에게 리더십 전문가 조지프 L. 바다라코는 시스템적으로 문제를 해결해야 하며, 여기에는 질문이 필요하다고 한다.

그는 다음 다섯 가지 질문을 통해 시스템적으로 문제를 해결하라고 권한다.

1. 내가 가진 옵션들의 최종적인, 실질적인 결과는 무엇인가?

2. 나의 핵심적인 의무는 무엇인가?

3. 있는 그대로의 세상에서 어떤 것이 효과적일 것인가?

4. 우리는 누구인가?

5. 나는 무엇을 감수할 수 있는가?

질문은 성찰의 문을 열고 들어가는 마스터키다

질문을 던져놓고 한 줄 한 줄 쓰면서 생각을 정리해보자. 이미 나와 있는 답을 끄집어낸다기보다 한 줄 한 줄 쓰면서 생각하다 보면 그로 인해 많은 생각들이 줄줄줄 만들어진다.

아무리 대단한 이가 도움을 주더라도 최종적인 의사결정은 자신의 생각을 토대로 스스로 내려야 한다. 그래야 결과에 대한 책임도 질 수 있다.

06

피터 드러커가 평생 동안 고수한
자기계발 노하우

까다로운 페이스북 직원 채용 질문

페이스북은 직원 채용 과정에서 까다로운 질문으로 악명 높다고 한다. 예를 들면, 이런 질문이다.

질문1 달걀 2개가 있다. 이 달걀을 떨어뜨려도 깨지지 않는 최고 층을 찾으려면 달걀을 최소 몇 번 떨어뜨려봐야 할까, 같은 질문이다. 그런데 정작 페이스북 HR 담당자들이 가장 중요하다고 생각하는 질문은 따로 있다고 한다.

질문2 당신은 직장에서 최고의 하루를 보냈다. 퇴근해 집에 와서 생각해보니 내 직업이 세상에서 최고의 직업이라는 생각까지 든다. 당신은 과연 어떤 일을 하고 있는 걸까요?

지원자가 어떤 가치에 열정을 갖는지 그 열정이 페이스북과 맞는지를 가늠하기 위해서라고 한다. 그런데 내 생각은 여기서 좀 더 나간다.

페이스북이 이러한 질문을 하는 보다 본질적인 이유는 지원자가 얼마나 자기인식에 투철한가를 보기 위함이라고, 자기인식이 가능하도록 자기를 성찰할 수 있는가를 알아보기 위해서라고 말이다. 왜냐하면 페이스북은 차원 높은 사고능력을 가진 지원자를 찾고 있고 성찰사고는 고차적 사고의 토대이기 때문이다.

그나저나 우리도 이 질문에 대해 스스로 답해보자. 내가 시간 가는 줄 모르고 즐겁게 일에 빠져 있었다면 과연 어째서 그랬을까?

나만의 강점을 찾아내 강화시키는 일상의 피드백

경영의 대가라 불리는 피터 드러커를 상징하는 단어로 '피드백'이 있다. 지적 역량과 일상 할 것 없이 피터 드러커는 피드백을 통해 스스로를 경영했다. 그는 강점을 발견하고 집중하는 것이 최고의 자기계발법이라고 강조하며 그 방법은 딱 하나, 피드백뿐이라고 강조했다.

피터 드러커의 피드백 분석은 하루를 돌아보는 것으로 시작한다. 피드백 활동을 통해 하루 동안 목표 달성을 위해 어떤 노력을 했는지 점검한다. 예상 밖의 성과가 있다면 어떤 요인이 작용했는지 분석한다. 또 성과를 내지 못하는 목표는 포기한다.

스탠퍼드 디자인스쿨의 인생 디자인 프로그램

미국 스탠퍼드 디자인스쿨에서 가장 인기 있는 강의인 '인생 디자인 프로그램'을 진행하는 빌 버넷과 데이브 에번스 교수가 만족스러운 삶과 성공적인 경력관리를 성취할 수 있는 방법으로 제안하는 것도 피드백 일기 쓰기다.[46] (이 수업에서 제시하는 인생 디자인에 관한 많은 아이디어와 도구는 거의 '쓰기'로 이루어진다.)

이 일기는 자신이 어떤 일에 열정을 갖고 에너지를 얻을 수 있는지 알아보는 '행복일기'다. 방법은 이러하다.

1. 일상의 활동들을 일기로 기록하라.
2. 일기 작성 훈련을 3주간 계속하라.
3. 한 주가 끝날 때마다 각 활동들을 반성하고 관찰결과를 기록하라.

노트에든 낱장의 종이에 써 파일링하든 상관없다. 그러나 할 수 있다면 손으로 직접 쓰기를 권한다. 핵심은 매일 규칙적으로 쓰면서 구체적인 정보를 얻는 것. 그리고 기록된 과거에서 통찰을 얻어 다음 행보를 발견하는 것이다.

---

46 《디자인 유어 라이프(Design Your Life)》, 빌 버넷, 데이브 에번스 지음, 김정혜 옮김, 와이즈 베리

기록을 할 때는 그날 무엇을 했고, 그 가운데 내 에너지를 북돋아 준 활동은 무엇이며, 그런 활동에서 무엇을 배웠나에 초점을 맞춘다. 이때 활동기록을 살펴보면서 추세통찰력, 놀라운 사실 등 자신에게 무엇에 효과적이고 효과적이지 않은지에 대한 단서를 찾는 연습이 중요하다. 그리고 내용을 기록할 때는 가능한 한 구체적으로 쓴다. 상세한 표현은 자기인식을 드높이기 때문이다. 예를 들어 다음과 같다.

- 직원회의 – 오늘 즐거웠음.

이라고 간략하게 쓰는 대신,

- 직원회의 – 존이 한 말을 내가 다른 식으로 고쳐 말하자 참석자들이 박수를 치며 좋아했다. 그래서 참 즐거웠다.

머릿속이 풀리면 인생도 풀린다!

"당신이 계획할 수 있는 것은 너무나 적다."

– 데이비브 화이트(시인)

지금처럼 일하고 지금처럼 살아도 괜찮을까?

이상한 나라에 떨어진 앨리스 앞에 느닷없이 흰색 토끼가 짠! 하고 나타나더니 회중시계를 들여다보며 구시렁거린다.

"이러다 늦겠어!"

그러곤 어딘가로 냅다 달려간다. 토끼가 왜 바쁜지, 왜 연신 시계를 보는지, 어디로 가는지는 아무도 모른다. 앨리스가 또 느닷없이 도달한 곳은 누구나 언제나 뛰고 또 뛰는 거울나라다. 마침 붉은 여왕을 만난 김에 묻는다.

"왜 뛰고 또 뛰어도 자꾸 제자리에 머무나요?"

여왕이 대답한다.

"네가 앞으로 가고 싶다면 지금보다 두 배는 더 열심히 뛰어야 한다."

이게 전부다. 앨리스는 이상한 나라에서 빠져나가는 길을 찾다 한 갈림길에서 체셔 고양이를 만나 길을 묻는다.

"어떤 길로 가야 하니?"

체셔 고양이는 앨리스에게 되묻는다.

"어디 가는데?"

앨리스가 모른다고 답하자 체셔 고양이가 말한다.

"어디 가는지 모르면 아무 데로나 가도 돼."

넘치거나 부족하거나, 이상한 거울나라의 사람들

앞의 이야기는 영국 작가 루이스 캐럴이 쓴 두 소설,《이상한 나라의 앨리스》와《거울나라의 앨리스》를 섞어 만든 이야기다.

글쓰기를 교육하는 다양한 현장에서 나는 '앨리스'들을 수없이 만난다. 언제나 열심히 뛰어가지만 어디로 가는지는 모르고, 전보다 두 배 혹은 세 배나 열심히 달려도 언제나 제자리일 뿐인 앨리스들 말이다. 그들이 묻는다.

"지금처럼 일해도 괜찮을까요?"

"계속 지금처럼 살아도 괜찮을까요?"

하루 딱 20분 내 머릿속 들여다보기

아이스하키에서 반칙을 저지른 선수를 일정한 시간 동안 경기에서 빼는 일을 타임 페널티라 한다. 그렇다면 우리 모두는 타임 페널티를 받아야 한다. 자극을 받는 모든 것에 주의와 시간과 에너지를 빼앗긴 나머지 정작 중요한 것에 소홀히 하며 산 것은 우리 인생에 대한 반칙이기 때문이다.

원하는 삶, 중요하게 여기는 일에 주의와 시간과 에너지를 집중하지 않은 잘못에 대한 페널티는 하루 20분을 일과 삶의 경기에서 빼내는 것이다. 더도 말고 덜도 말고 하루 20분 동안만 머릿속을 들여다보고 정리하자.

- 하루 20분 타임 페널티

페널티로 확보한 매일 20분 동안, 머릿속을 오가는 생각과 정보와 느낌과 기억들을 글로 써보자. 한 편의 저널로 한 단락의 글로 한 줄로……. 그것들에 대해 쓰는 것만으로 머릿속을 들여다보는 눈을 갖게 되고, 그 눈으로 하여 머릿속을 정리할 수 있다.

머릿속을 정리한다는 것은 결국 자신을 성찰하는 시간을 갖는 것이며, 성찰하는 시간을 갖지 못한다면 머릿속을 정리할 이유도 느끼지 못하는 것이나 다름없다.

- 원하는 생각으로 머릿속을 채우는 하루의 첫 시간

다음소프트에서 2013년부터 4년간 블로그 포스트 5억 8,400여 만 건을 분석해 본 결과, '언제나 부정적인' 감성이 전체의 65%나 차지했다. 대다수의 머릿속은 이처럼 기본적으로 부정적이다. 그대로 두면 점점 더 부정적인 경향으로 치닫기 마련이다. 기본값이 부정적인데다 갈수록 부정적으로 변해버리면 머릿속 생각공장은 부정성에 압도되어 제 기능을 할 수 없다.

고단한 일상이 지속될수록 머릿속은 그을음 없고 티끌 없는 정갈한 상태로 정비되어야 한다. 그래야 그 속 생각공장이 제대로 돌아가고 그래야 좋은 생각, 근사한 아이디어로 쏟아지는 문제들을 해결해나갈 수 있다.

무슨 생각으로 하루를 시작하는가가 하루의 나머지 시간의 결을 결정한다. 하루를 여는 첫 시간을 의도적으로 의식적으로 의미 있는 생각으로 머릿속을 정렬해보자. 20분만 그렇게 해보자.

- 하루 20분으로 될까?

산만하고 복잡한 머릿속은 주의집중을 방해하는 가장 큰 요인이며 생산성과 성과를 갉아먹는 주범. 많은 기업들이 이 같은 문제의식을 가지면서 그 해법으로 명상을 통한 주의집중력 되찾기 프로그램을 연다.

많은 연구들이 명상훈련의 효과를 입증하는데, 그중 가장 매력적인 연구는 4일간 매일 20분 정도의 훈련만으로도 효과를 볼 수 있다는 것이다.[47] 4일은 명상의 효과를 경험하는 데 드는 최소한의 시

---

47 《포커스》, 다이엘 골먼 지음, 박세연 옮김, 리더스북.

간. 이 훈련일수가 길면 길수록 효과는 지속된다. 핵심은 매일 20분 정도만으로도 충분하다는 것. 그렇다면 머릿속을 정리하는 것도 매일 20분이면 충분하지 않을까?

앞에서 다양하게 살펴보았듯, 자기 분야에서 크게 성공한 이들은 쓰기 마니아다. 그들의 주된 업무는 쓰면서 생각하고, 생각하면서 적는다. 그들은 시간당 인건비를 계산하기조차 겁나는 그 귀한 시간을 주기적으로 할당하여 머릿속을 점검하고 살피고 비우는 일에 쓴다. 그들만큼 시간당 인건비가 비싸지 않은 우리가 매일 20분씩 시간을 들여 머릿속을 점검하자는 제안을 외면해서는 안 되는 이유다.

- 20분은 누군가에게는 무척 짧고 누군가에게는 무척 길다

여기서 말하는 20분은 매일 머릿속 정리에 필요한 나름의 시간이다. 누구에게는 2시간이 될 수도 있고, 누구에게는 말 그대로 20분이면 가능할 것이다. 그러나 현실적으로는 그리 쉬운 일이 아니다. 생업과 일상의 꽉 짜여진 여정에서 그렇잖아도 바쁘게 돌아가는 시간의 프레임에서 머릿속을 정리하는 시간을 따로 내야 한다고 생각하는 것조차 불가능한 미션일지 모른다.

그래서 처음에는 그리 큰맘 먹지 않아도 되는 20분 정도만 할애하기를 권한다. 메모를 정리하며 하루 동안 머릿속을 오간 생각들을 정리하거나 저널을 쓰며 머릿속에서 건져낸 생각의 씨앗을 아이디어로 키워보자. 매일 아침을 이렇게 시작해보자.

일본의 광고인 고시니 도시유키가 계산했다. 뭔가를 매일 조금씩 (20분이든 5분이든) 하는 것과 그렇지 않은 것의 차이를. 그러니까 오늘, 어제에 한 번을 더하는 것과 오늘, 어제에 한 번을 더하지 않는 것의 차이를 계산해보았더니 이랬다.[48]

어제보다 한 번 더 하는 것 1.01

어제보다 한 번 덜하는 것 0.99

이를 각각 365제곱했더니 결과는 이렇게 달랐다.

$$1.01^{365} = 37.8$$
$$0.99^{365} = 0.03$$

- 하루 20분도 어렵다면?

뛰어난 경영인이 되고 싶어 하는 이들에게 '매일 저널을 쓰라'고 조언하는 낸시 아들러 교수는 이 조언에 대해 경영인들이 받아들이기 가장 어려운 것이 저널을 쓰는 데 필요한 '매일 15분, 자기성찰의 시간 확보'라고 알려준다. 머릿속 정리가 필요할 정도로 많은 일을 하고 생각하고 사는 당신이라면 하루 20분의 시간을 새로 마련하는 것조차 버거울 수 있다.

---

48 《생각의 생각을 만드는 메모의 기적》(고니시 도시유키 지음, 이혜령 옮김, 21세기 북스)에서 참고.

그러면 5분은 어떨까? 5분으로 시작해보자. 시작해보면 알 것이다. 5분이나 50분이나 새로이 시간을 마련할 때의 어려움은 거의 같다는 것을. 어찌 되었건 하루 5분이라도 일단 시작하고 보자는 제안이다.

시작이 중요하다. 가능하면 매일 같은 시간대가 좋다. 5분도 내기어렵다면, 매일 한 줄이라도 쓰는 습관을 들이자. 일단 한 문장이라도 쓰자. 첫 문장에는 이상한 힘이 있어 두 번째 문장을 부르고, 두번째 문장은 그 다음 문장을 줄줄이 끌어낸다.

66일 동안만 무조건 해보기

작심삼일은 괜히 있는 말이 아니다. 아무리 결심이 단호해도 사흘의 벽을 넘는다는 것이 말처럼 쉽지 않다. 묵은 습관 사이에 새로운 습관을 끼워 넣는 것도 마음만은 뜨거운 열정과 전혀 무관하다.

'하루 20분 머릿속을 들여다보고 정리하는 시간 갖기'는 열정이나 결심으로써 정복해야 할 목표가 아니다. 매일 식사하고 운동하듯 일상의 습관으로 굳혀야 한다.

연재만화 《딜버트》의 작가 스콧 애덤스의 이야기를 들어보자.

"다이어트를 할 때 '한 달에 10kg'이라는 목표에 매몰돼 열정을 쏟아부으면 금세 자신의 에너지를 소진하고 지쳐서 나가떨어지게 되지만, '하루에 10km 꾸준히 뛰기'라는 시스템을 만들어서 지키는 것에만 충실하면 훨씬 효율적이고 순조롭게 원하던 바를 이루게 된다."

하루 20분 머릿속 정리하기도 의지나 결심의 차원이 아니라 습관으로 길들이자.

하루 중 특정한 시간을 정해 그 시간만 되면 어김없이 머릿속을 들여다보고 정리하게끔 만드는 것이다. 그리고 66일 동안만 그 시간을 지켜내자.

66일 동안만 해보자는 제안의 배경은 영국 유니버시티 칼리지 런던의 필리파 랠리 교수의 연구팀이 진행한 연구결과다.

이 연구는 66일 동안 같은 일을 반복하면 그 이후엔 큰 노력 없이 그 행동을 하게 된다는 결과를 도출했다.

내가 진행하는 책 쓰기 심화 프로그램은 석 달 동안 매일 저널 쓰기를 의무적으로 해야 한다. 이 과정을 함께하는 예비저자들도 저널을 쓰기 시작한 지 두 달쯤 되면서부터는 쓰지 않으면 이상하다, 힘들어도 쓰는 게 차라리 편하다는 반응을 보인다.

하루 20분씩 시간을 내 머릿속 정리에 할애하자. 이 습관을 66일만 지속해보자. 평생 동안 당신의 머릿속은 심플하고 스마트하게 유지될 것이다. 책을 끝내며 한 번 더 당부드린다.

머릿속을 비워내고, 머리 밖에서 생각하십시오!

· 끝 ·

일과 인생이 술술 풀리는
내 머릿속 비우기

지은이 | 송숙희
펴낸이 | 황인원
펴낸곳 | 다차원북스

신고번호 | 제2017-000220호

초판 1쇄 인쇄 | 2018년 01월 02일
초판 1쇄 발행 | 2018년 01월 08일

우편번호 | 04083
주소 | 서울특별시 마포구 성지5길 19, 104호(합정동, 성우빌딩)
전화번호 | (02) 333-0471(代)
팩시밀리 | (02) 334-0471
E-mail | dachawon@daum.net

용지 | 엔페이퍼(031-948-2652)
인쇄 | (주)신화프린팅코아퍼레이션(031-905-2727)
제책 | 천일제책사(031-905-8181)
표지후가공 | 이레금박(031-903-2367)

ISBN 978-89-97659-79-1 (03320)

값 · 15,000원

ⓒ 송숙희, 2018, Printed in Korea

이 도서의 국립중앙도서관 출판예정도서목록(CIP)은
서지정보유통지원시스템 홈페이지(seoji.nl.go.kr)와
국가자료공동목록시스템(www.nl.go.kr/kolisnet)에서
이용하실 수 있습니다.
(CIP 제어번호: CIP2017032718)